地域No.1

工務店の「圧倒的に実践する」経営

(株)あいホーム代表取締役
伊藤 謙
ITO Ken

日本実業出版社

はじめに

コロナ禍で受注130%増

2020年9月30日。僕は、半年を振り返った。

ただでさえ住宅着工が右肩下がりの状況で、追い打ちをかけるように新型コロナウイルスが蔓延。先行きの見えない中、ただただ死ぬ気で走ってみた。全速力だった自信だけはある。結果は、**対昨年で130%の新規受注増**。ここまで良い結果を想像していなかったが、終わってみればまずまずの結果が出た。

未来を予測することはできないけど、僕が社長として1つだけやれることがある。それは、可能性を信じて誰よりも行動に移すこと。時はコロナ禍、2020年5月22日に地方工務店の新代表となり、就任1年目で人生最大のピンチを迎えていた。

僕は、祖母が創業した会社の**3代目社長**だ。元々は、住宅建築に使用する「建築資材の販売店」から創業したビジネスを現会長（2代目社長）の父が住宅事業に業態チェンジ。

数々の荒波を乗り越えながら、62年という長い期間、会社は存続している。時代が変わるのに、会社が存続しているというのは奇跡としか言いようがない。

後継者不足と叫ばれる中、数少ない後継者として、本気で地方工務店の発展に命をかけようとしている。東日本大震災が起きた2011年に入社してから、丸9年は父の背中を見ながら、会社を成長させてきた。社長だった父と後継者の僕が一枚岩となった強さを結果が証明している（次ページ表）。

宮城県は東北の中でも新築一戸建の激戦エリアである。直近2019年度の宮城県上位10社のうち、4社は全国シェア3割を誇る飯田GHD。戸建分譲住宅のガリバー的な企業で、2013年に6社が経営統合して発足している企業だ。さらに、上位10社のうち、4社は全国展開する上場企業。社員数が1000人超や1万人超の大企業がゴロゴロいる中で、社員数が70名の地方工務店「あいホーム」が地域No．1となり、事業承継を経て、さらに成長しようとしている（次ページ表）。

県北部の「大崎・栗原・登米エリア」においては、**上場企業も含めた総合ランキングでNo．1となっている**（6ページ表）。あいホーム社員の70％は、僕も含めて20代・30代だ。まだまだ成長できる伸びしろがある。

宮城県着工ランキング TOP 15

2011年度 / 2012年度　単位：棟

順位	会社名	着工数	順位	会社名	着工数
1	積水ハウス	760	1	積水ハウス	931
2	セキスイハイム東北	505	2	セキスイハイム東北	625
3	レオハウス	348	3	一建設	507
4	アーネストワン	319	4	アーネストワン	501
5	一建設	286	5	タマホーム	330
6	スモリ工業	277	6	大和ハウス工業	313
7	大和ハウス工業	262	7	レオハウス	298
8	タマホーム	236	8	スモリ工業	296
9	東北ミサワホーム	232	9	東北ミサワホーム	286
10	東和総合住宅	215	10	住友林業	269
11	西洋ハウジング	214	11	あいホーム	261
12	住友林業	211	12	一条工務店宮城	259
13	セルコホーム	205	13	セルコホーム	252
14	一条工務店宮城	190	14	大東建託	226
15	日本住宅	176	15	東和総合住宅	208

（出所）リビング通信社

2013年度 / 2014年度　単位：棟

順位	会社名	着工数	順位	会社名	着工数
1	積水ハウス	715	1	積水ハウス	582
2	アーネストワン	512	2	アーネストワン	489
3	一建設	474	3	一建設	463
4	セキスイハイム東北	468	4	セキスイハイム東北	390
5	大和ハウス工業	317	5	大和ハウス工業	322
6	大東建託	285	6	大東建託	271
7	スモリ工業	268	7	スモリ工業	232
8	タマホーム	247	7	東北ミサワホーム	232
9	あいホーム	241	9	一条工務店宮城	214
10	東北ミサワホーム	240	10	住友林業	188
11	タクトホーム	227	11	セルコホーム	183
12	一条工務店宮城	226	12	タクトホーム	179
13	住友林業	223	13	あいホーム	178
14	日本住宅	210	14	タマホーム	168
15	レオハウス	198	15	秀光ビルド	160

東北の激戦エリア

単位：棟

2015年度

順位	会社名	着工数
1	一建設	555
2	積水ハウス	478
3	アーネストワン	420
4	セキスイハイム東北	384
5	大和ハウス工業	320
6	スモリ工業	267
7	大東建託	264
8	秀光ビルド	254
9	住友林業	246
10	一条工務店宮城	212
11	あいホーム	204
12	タクトホーム	201
13	東和総合住宅	189
14	東北ミサワホーム	179
15	セルコホーム	169

2016年度

順位	会社名	着工数
1	一建設	553
2	積水ハウス	485
3	アーネストワン	444
4	セキスイハイム東北	376
5	大和ハウス工業	345
6	飯田産業	340
7	スモリ工業	278
8	大東建託	241
9	一条工務店宮城	238
10	タクトホーム	224
11	あいホーム	208
12	東北ミサワホーム	203
13	東和総合住宅	187
14	秀光ビルド	182
15	住友林業	167

単位：棟

2017年度

順位	会社名	着工数
1	一建設	552
2	アーネストワン	427
3	積水ハウス	364
4	飯田産業	363
5	セキスイハイム東北	335
6	大和ハウス工業	284
7	スモリ工業	241
8	あいホーム	235
9	タクトホーム	211
10	一条工務店宮城	189
11	タマホーム	181
12	東和総合住宅	159
13	東北ミサワホーム	158
14	住友林業	153
15	大東建託	141

2018年度

順位	会社名	着工数
1	一建設	626
2	アーネストワン	409
3	飯田産業	353
4	積水ハウス	342
5	セキスイハイム東北	339
6	あいホーム	262
7	スモリ工業	246
8	大和ハウス工業	243
9	タクトホーム	237
10	タマホーム	193
11	一条工務店宮城	179
12	クリエイト礼文	168
12	東和総合住宅	168
14	東北ミサワホーム	167
15	桧家住宅	158

宮城県着工ランキング

TOP 20

2019 年度

単位：棟

順位	会社名	着工数	順位	会社名	着工数
1	一建設	690	11	東栄住宅	169
2	アーネストワン	459	12	東和総合住宅	164
3	飯田産業	351	13	住友林業	138
4	セキスイハイム東北	307	14	一条工務店宮城	132
5	タクトホーム	271	14	桧家住宅	132
6	積水ハウス	266	16	東北ミサワホーム	131
7	あいホーム	236	17	クリエイト礼文	128
8	大和ハウス工業	204	18	日本住宅	119
9	スモリ工業	201	19	大東建託	116
10	タマホーム	195	19	パルコホーム宮城	116

1 地域 No.1の着工実績（宮城県北部 = 大崎・栗原・登米圏）

2019 年度

その他 = 美里町、涌谷町、加美町、色麻町　単位：棟

順位	会社名	大崎市	栗原市	登米市	その他	合計
1	あいホーム	72	17	26	27	142
2	アーネストワン	38	32	24	1	95
3	タマホーム	46	7	20	9	82
4	東和総合住宅	18	5	30	5	58
5	セキスイハイム東北	23	12	9	8	52
6	高勝の家	34	3		5	42
7	三和	17	7	6	3	33
8	タカカツ不動産	29			1	30
9	大東建託	11	4	12	2	29
10	積水ハウス	14	6	2	6	28
10	一建設	27			1	28
12	パルコホーム宮城	14	2	7	3	26
13	スモリ工業	9	5	4	5	23
14	桧家住宅	10	3	3	4	20
15	細田工務店	16			3	19

生き残る工務店の必須条件

生き残る工務店に必要なことは1つしかない。**時代の変化に対応すること**。こんなことは誰でもわかっているようなものだが、時代の変化に対応することは誰にでもできるものではない。

あなたにこの質問をしたい。

「IT（情報技術。Information Technology）やネットを徹底的に取り入れることができているか？」

この質問に自信を持って「できている」と答える人は、この本を読む必要がない。地域に必要とされる素晴らしい工務店であるだろうし、これからも時代の変化に対応する工務店経営を続けてほしい。

僕自身はというと、心から「ITとネットを徹底的に活用できている」と答えることができない。追求すれば追求するほど、大きな可能性に気づかされる。そして、それは話題の「**ＤＸ**」（デジタルトランスフォーメーション。Digital Transformation）につながる。ＤＸとは、企業がデータやデジタル技術を活用し、組織やビジネスモデルを変革し続け、価値提供の方法を抜本的に変えるということ。まさに僕が考えるイメージはＤＸだ。

ＤＸ化でより一層の低コストが実現し、それをお客様に還元したい。そう思っている。

大多数の工務店社長が**「家を建てる」ことが工務店の仕事だと思っているはずだが、もはや家はどこでも建てることができる。あなただけができることではない。**後で詳しく書くが、家を購入するお客様自体が大きく変化しているのだ。

自分にも戒めのように言い聞かせていること。生き残る工務店に必要なことは1つしかない。時代の変化に対応することだ。そして、**変化に対応する中で「成功する仕組み」「成長する仕組み」を構築する。まさにＤＸがそのことを加速させる。**

工務店が長期的に生き残ることは、過去に住宅を建築いただいたお客様に対する使命。「絶対に生き残る」という強い覚悟を持ち、生き残る仕組みを構築する。道半ばどころか、経営者としてやっとスタートをきったばかりの僕でも、生き残る工務店の必須条件は頭ではわかる。ただ、わかっただけではダメだ！　時代の変化をチャンスにするのだ！　この腹の底から湧き上がる強い想いが、僕に本を書く勇気をくれた。

図1　工務店の生き残り戦略

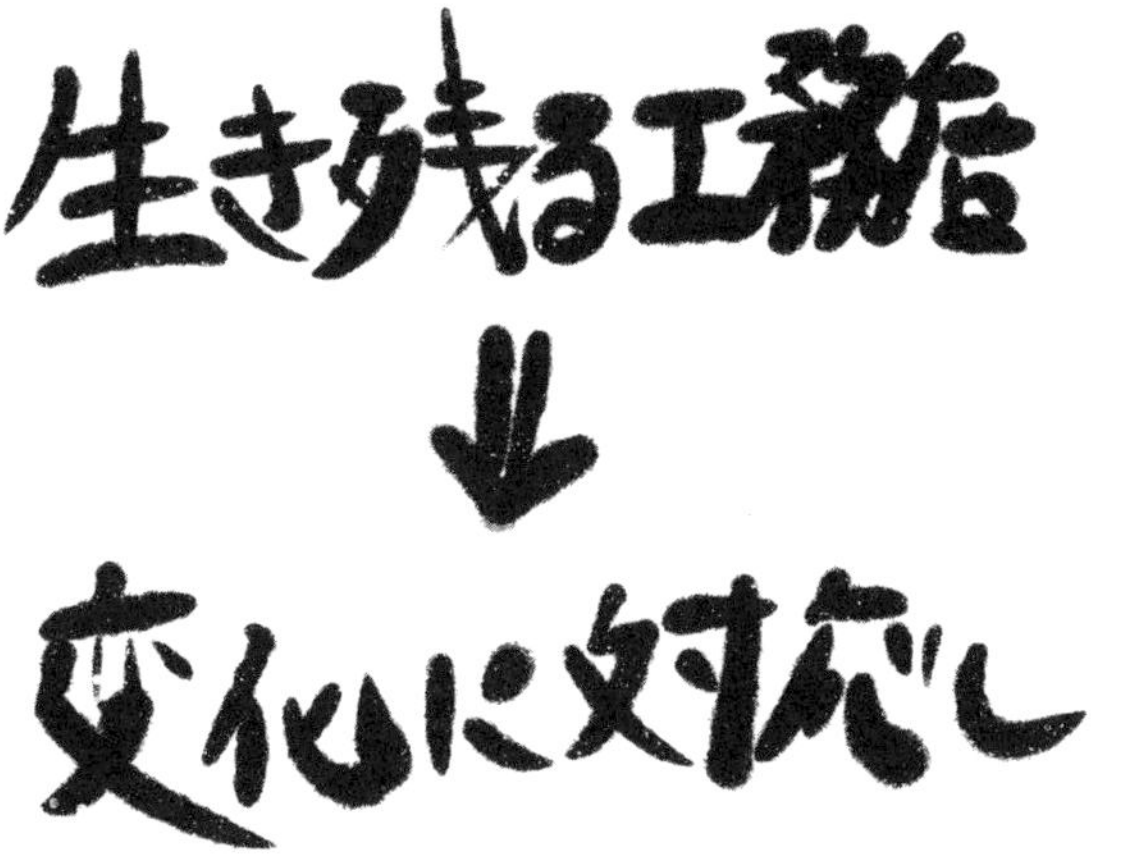
生き残る工務店
⇓
変化に対応し
成功・成長する
仕組みをつくる！

なぜ本を書いたのか？

変化に対応するにはたくさんの行動を必要とする。止まったままでは変化できないし、迷っている暇はない。ただ、工務店業界の悪い特徴として、新しいことに**取り組むまでのスピードが遅い**ことが挙げられる。

これでは時代の流れに乗ることはできない。

本を書く理由は2つだ。**本気で変化に対応しようと、命を賭けている地方工務店がある**ことを広く伝えたい。そして、**同じ志を持つ工務店に最新の取り組み事例を共有したい。**「誰よりも実践すること」と「経験したことを伝えること」に全力を尽くそうとした結果、この本が生まれた。

この本をきっかけに、IT・ネット活用が進み、DX化が加速し、10年後、20年後に工務店業界自体がさらに発展していることが何よりの望みだ。敵も味方も関係ない。**工務店同士で過去のノウハウを隠し合っても、お客様が喜ぶ業界の変化は到底起きない。本当の敵は時代の変化。**今であれば、コロナにどう打ち勝つかだ。挑戦し続けて経験したことを、本にまとめて発信することで、切磋琢磨できる新たな工務店仲間が増えていくことが想像できる。２０１１年に味わった悔しさを晴らす時がついにきた。

東日本大震災で味わった悔しさが原動力

２０１１年3月11日。東日本大震災が発生した時、僕は徳島県で修行をしていた。経営者になるための修行で、尊敬する先輩経営者の会社に勤務しながら勉強させてもらっていた。

14時46分18秒に地震発生。外出先で住宅営業を先輩社員から学んでいた時だった。15時頃に突然電話がかかってきて「伊藤くんの地元で大変なことが起こっている」と言われ、わずかに揺れる徳島県で、その当時にできる限りのことをしてネットで地元情報を集めた。

電話をしても家族にはつながらない。テレビには津波被害に遭っている仙台空港の映像が映っているだけで、肝心の家族がどうなっているのかはわからない。日本中の人が心配で電話をしているので、回線が混み合っていてつながらない。安否確認ができない。本当にちゃんと生きているのだろうか。現地の状況が全くわからない。今、僕は何をすればいいのだろう？ 答えは見つからなかったが、できることを考えて行動に移した。

1つ目に、mixi（ミクシィ。SNSサービスの一つ）で「地元情報」を知っている人がいないかを広く聞いてみた。すると「僕の弟が無事だ」という情報が友人から入ってきた。たまたま電話がつながったようだ。ネットの力を使えば何とかなるかもしれない。そう思って、3月11日の深夜に、僕は宮城県の地元に帰ることを決断した。修行中の身だったため、先輩経営者に事情を話して翌日出発した。

東京エリアから宮城県に行くための東北新幹線や高速道路は通行止めになっている。それであれば、日本海側から新潟県、山形県を通って宮城県に移動すれば到着できそうだ。そんな時に友人の森くんが、愛車のプジョーを「廃車覚悟で貸すよ！」と言ってくれて、ありがたく借りた。徳島から、高松、岡山、名古屋まで公共交通機関で移動。名古屋にいた森くんとの待ち合わせ場所に到着した時には、友人数名が待っていてくれた。車のトランクに大量のミネラルウォーターを積んでくれていたのを今でも覚えている。

名古屋を出発し、慣れないマニュアル車で宮城県に向かった。一晩中運転して、3月13日の朝方到着した時に家族から言われたのは「帰って来なくて良かったのに」という僕を心配した言葉だった。家族の安否が何よりだった。

そこから1年。あまりにも自分が無力だということを思い知らされる。どれだけ頑張っても次から次に来場されるお客様への提案書作成が終わらない。自分だけ終わらないならまだしも、全社員がお客様からの依頼に追われ、追い込まれていく。現場確認、図面作成、資材の注文…あらゆる業務がパンクした。代わりに自分がやってあげられる余裕もない。力のなさに悔しさを覚える日々がずっと続いた。目の前のお客様や仲間の役に立てている実感を持てないまま時間が過ぎていった。

この2011年に、何もできなかった**自分への悔しさが大きな原動力**となっている。「誰も経験したことのないピンチこそ、自分が奮起しなくてはいけない」という使命感に駆られて、いつかまた大きなピンチがきた時に「この悔しさを晴らす」と努力し続けることを決心した。大きなピンチや逆境は、僕を成長させてきた。そして人生を変えるほどのピンチの中に、今立たされている。

10年前に宮城県にいなかったことにも、何か意味があったのだと感じている。震災から10年、自分を成長させるために一度も手を抜いたことはない。どんな荒波がきても、自分を信じる力だけは磨いてこれた。経営者としての経験や実力はまだまだだが、力の源には自信がある。

10年に一度、人生を変えるピンチに出会う

自分の人生が大きく変わる時は、大きな特徴がある。思い返してみると、全てピンチが人生を変えてくれた。**逆境や火の中に飛び込んだ状態**になると、僕という人間は最も力を発揮する。

10代、20代、30代と10年に一度のピンチが、僕の人生を変えていく。

20代のピンチは、東日本大震災だった。2011年4月1日に父が経営をする会社に入社することになるのだが、初日から「専務取締役」という役職をつけていただき、当時26歳だった僕が何歳も上の先輩から「専務」と呼ばれる毎日。なかなかの重圧だった。知識も経験も全てが不足していることに気づかせてくれた。感謝すべき逆境で、この時期を乗り越えることができたのは、10代でのピンチを乗り越えたおかげだ。

10代最大のピンチは、神奈川県・桐蔭学園高等学校のラグビー部への挑戦だった。2021年1月に、記念すべき第100回大会で2年連続3度目の全国優勝を達成した強豪校。僕の生まれは、宮城県加美町。人口2万5000人の田舎町だ。父の導きで、神奈川県の桐蔭学園に挑戦することになり、奇跡的に合格した。寮生活を始めることになるの

だが、ラグビー日本一を志す九州から進学してきた友人に刺激され、ラグビー部に入部。右も左もわからない中で、親元を離れ3年間やり切ったことが自分の人生を変えた。監督、コーチ、先生、先輩、同期、後輩には心から感謝したい。この10代、20代の経験が、3つ目のピンチを乗り越えようとする力にもなっている。

3つ目のピンチは、まさに今直面している新型コロナウイルスだ。不思議な感覚だが、世界的に感染者数が増大していく2020年2月に東日本大震災が起きた直後と同じ感覚を覚えた。**今変わらなければ、10年後はない。**直感的にそう思い、「世界が変わる」ことを受け入れた。

この**ピンチをチャンスに変える。**同じ志を持つ全国の工務店に僕の情熱が届くことを強く願いながら、地域No.1工務店になるための「**考え方**」と「**具体的な実践体験**」を書いていく。

第1章では、新時代のお客様サービスについて書く。

第2章では、少数精鋭で高収益を実現するための「顧客管理」と「組織」を掘り下げる。

第3章では、利益が会社に残る「企業体質」について、詳細に書く。

第4章では、IT・ネットを徹底活用した「集客」と「採用」ノウハウを共有する。

第5章では、お客様と工務店どちらにとっても良いベストセールスについて書き、これからの住宅営業のあるべき姿を明確に提示する。

第6章では、具体的なIT・ネット活用について取り組み事例をたくさん共有していく。

これらがDX化を加速させることになる。

ほとんどが読んですぐに取り組めるものなので、読んだ直後にすぐ行動に移していただきたい。あなたがこの本を読み、何か1つでも行動に移した瞬間から、工務店業界の発展が始まる。

2021年3月吉日

伊藤　謙

目次

DXで生産性最大化、少数精鋭で高収益！
地域NO.1工務店の「圧倒的に実践する」経営

はじめに

第1章 劇的に変わった「お客様サービス」

第2章

少数精鋭で高収益！ 顧客管理と組織体制

第3章 リーズナブルな住宅価格でも利益が残る仕組み

第4章 低コストで効果絶大のネット集客！ 前代未聞のSNS採用！

第5章
顧客満足度を最大化させる「住宅ベストセールスシステム」

第6章 地域・地方工務店を劇的に変化させたIT、ネット徹底活用33手

カバーデザイン／萩原 睦（志岐デザイン事務所）
本文デザイン・DTP／初見弘一
本文筆文字／伊藤 謙

第1章

劇的に変わった「お客様サービス」

心のこもったお客様サービスを貫く

この本では終始一貫してＩＴやネットなどのデジタル活用、ＤＸ化を書くが、「人間によるアナログサービスこそ最強だ」と信じてやまない自分がいる。ＩＴやネットが人間の仕事をするのではなく、**「人がやらなくもいいことを、ＩＴに任せよう！」という発想**だ。ＩＴや機械がやれることを人がやっているのは、仕事をしているとは言えない。人にしかできない心のこもったお客様サービスこそが、真の仕事だ。

特にお客様の家づくりとなれば、なおさらだ。機械的な対応をされたお客様の気持ちを考えてみてほしい。人が機械的な対応するぐらいなら、最初から人を介さずに機械に頼みたい。最近、コンビニで無人レジが出てきたが、ただのレジ対応なら僕は無人レジを選ぶ。ただ、一部のごく限られたコンビニだけは、無人レジにしてほしくないと思えるほどの気持ちのいいレジ対応をしてくれる。**人がやるからには、ＩＴにはできないハートウォーミングな心ある仕事をしよう。**人がやらなくていいことはＩＴに任せて、お客様の心に響く仕事をしよう。

さあ、そろそろ本題だ。「人間のアナログ対応が最強だ」ということを大前提に、僕の**飽くなきデジタル追求**を届けさせていただく。

3つの劇的変化を活かしているか？

今から挙げる**3つの変化を1つでも活かしていないとすれば、あなたは大きな損をしている**ことになる。それぐらいインパクトのある変化がもうすでに起こっている。その3つとは、クラウド・スマホ・チャットだ。

■クラウド

まず1つ目の劇的変化は、**クラウド**サービスの誕生。会社に戻らないと建築現場のデータにアクセスできないという時代は完全に終わった。外出先の現場にいながらにして、建築図面などの全てを確認できる。お客様からの電話に対応しながら、場所を問わずに詳細データを確認する。24時間大事なデータにアクセスできる。**いつでもどこでも仕事ができ**

る。それが「クラウド」だ。

今でも社内サーバのままで、クラウドを活用していない工務店が多く存在するはずだ。なぜなら、わが社も2年前まではそうだったからだ。最も問題なのは、自分のパソコンのデスクトップにデータを保存し、「会社に戻らないと確認できません」などと言っている人がたくさんいることだ。現場は常に動いているのに、肝心の工務店が現場を止めている。これは非常にもったいないことだ。

変化のスピードが激しい時代において、お客様の求めるスピードは年々上がっている。5年前には、1週間待てたことも、今では待てなくなっているのがお客様の本音だ。わが社では**Box**（ボックス。https://www.box.com/）というクラウドサービスを活用し、いつでもどこでもデータにアクセスできるようにしている。

「セキュリティーは問題ないのか？」「どこでもアクセスできるなんて、個人情報が流出する恐れがある」と考える方もいるが、全く逆だ。クラウドにデータを保存することによって、パソコンがいつ壊れてもデータは失われない。データの出し入れは全て履歴が残っているため、いつ誰がどのデータをどのようにしたのかを100％追跡できる。社内サーバーの不具合によって、「大事なデータにアクセスできない」なんてことも起こらない。**今**

図2　3つの大きな変化

激的変化
1. クラウド
2. スマホ
3. チャット

なら、**大企業が使うレベルのクラウドサービスを、中小企業である地方工務店の僕たちが、低コストで使える**のだ。使わない理由はない。もしまだクラウドサービスを利用していないのであれば、一刻も早く導入することを強くお勧めする。

■スマホ

２つ目の劇的変化は、**スマートフォン**（スマホ）の普及である。パソコンを持っていないお客様はいるが、スマホを持っていないお客様はいないに等しい。そう考えてもいいだろう。感覚値で言えば、１００％のお客様がスマホを所有し、日常的に利用している。どの年代でも肌身離さず持ち続けているのは、スマホぐらいだろう。

では、ここで考えてほしい。

「**お客様がスマホを利用しているということを前提に、お客様サービスを考えているだろうか？**」

宮城県大和町（宮城県北部）に建築されたＢ様から直接聞いた話を紹介しよう。

Ｂ様はＺＥＨ住宅（ゼロエネルギーハウスの略）を建築された。わが社では、最も高価格帯の商品で、大手ハウスメーカーと同等の住宅性能にもかかわらず、価格は20％ほどリーズナブル。お住まいになった後にご自宅で話を伺った。「夏、外出先から玄関を開けて入ると、エアコンをつけてないのに、涼しく感じる」「温度や湿度が一定で心地いい」などと大変満足いただいている。

工務店の営業スタッフよりも住宅性能について知識があるＢ様。以前からなぜこんなに詳しいのか気になっていた。鉄道関係にお勤めになっているという情報だけだった。どうやって住宅の知識をつけたのだろうか。そう疑問に思い、ただ素直に聞いてみた。「どうやって住宅について勉強されましたか？」と。

Ｂ様から返ってきた言葉に、驚かされた。

「夜な夜なスマホで調べました」

僕はその時、確信した。お客様はスマホで全ての情報を収集する。どこにいても、夜中でもだ。「どうやっていい住宅をつくるか」ということだけを考えている工務店の社長は考えを大きく改めるべきだ。お客様はあなたの住宅を見る前に、スマホの小さな画面であなたの会社に相談しようかどうかを決めている。B様だけの話ではない、これから住宅を建てようとする20代のお客様だと、さらにこの傾向は強くなる。

では、それがわかったら何をすればいいのか？ 答えは簡単だ。**ホームページ（HP）などを全てスマホ対応**にすること。そして、**SNS（ソーシャル・ネットワーキング・サービス）の活用**だ。

パソコンで見る横画面だけではなく、スマホで見る縦画面にも対応する「レスポンシブ」という対応が必要だ。これについては、ホームページを制作した会社に一度聞いてみるといい。「スマホ対応」にしたいと伝え、レスポンシブという言葉を使うこと。ホームページのデータ量にもよるが、一般的に50万円程度の費用で3ヶ月から4ヶ月ほどでできる。

2020年11月にリニューアルしたばかりのわが社のホームページも参考にしていただきたい（https://aihome.biz/）。パソコンで見る画面とスマホで見る画面が変わることがわかっていただけるはずだ。SNS活用については、第3章の集客と採用のところで、詳しく書くことにする。

図3　スマホ画面で見やすくする

[あいホームHP]

■チャット

最後に、3つ目の劇的変化は、**チャット**コミュニケーションだ。お客様が電話でもメールでもなく、「チャット」を希望していることに気づいているだろうか？　代表的なものを挙げれば、ショートメッセージサービス（SMS）、LINE（ライン）、Messenger（メッセンジャー）などである。

特徴としては、電話のように**相手の時間を突然奪わない**。早朝や夜のような時間帯に送っても、あまり相手に迷惑をかけない。また、メールのように、タイトルや宛先、「お世話になります」のような**不必要な文章入力も必要ない**。

つまり、**電話やメール以上のコミュニケーションがお客様と可能になる**。お互いの時間を大切にしながら、重要な会話ができる。それが、チャットコミュニケーションだ。

2011年に東日本大震災が起こった際、「電話よりもLINEのほうがつながる」という事実を知った時に、劇的変化が起きている未来がイメージできた。

当時はまだ、ガラケー（ガラパゴス携帯）を会社用電話として利用していたが、2017年12月に1人1台**iPhone**（アイフォン）を支給し、同時に**LINE WORKS**（ラインワークス。https://line.worksmobile.com/jp/）というサービスを導入し、社内コミュニケーションはほぼ全てLINEで行うようになった。

さらに、お客様とのコミュニケーションもほとんどがLINE。僕の極端な経験として、初回の住宅相談から住宅が完成し引渡をするまでの約1年間に、電話をしたのは2回というお客様もいる。1年もの長い期間を、LINEというチャットコミュニケーションだけで進めることができたのだ。

実際のところ、お客様の満足度はどうなのだろうか？　お客様アンケートを拝見する時は、正直緊張した。ところが、電話の回数が少ないにもかかわらず、お客様からの満足の声を多数いただくことになる。「ママに対応してくれた」「急な連絡でもすぐに対応してくれた」などとお褒めのお言葉をいただいた。これは、**電話対応だけをしていてはできない新しいお客様サービスの誕生だ。**

LINE WORKSのような有料サービスを利用しないまでも、ショートメールなどすぐに活用できるものから始めればいい。**お客様に話をする時も、チャットを使うことで「お客様にメリット」があるということは必ず伝える**べきだ。

参考に、どのようにチャット利用をお客様に促しているかを紹介しよう。

「〇〇さん、今後の連絡方法についてですが、弊社ではショートメールかLINEを推奨しています。

突然の連絡が必要な際、仕事中ですと電話での連絡がつかない時があります。その点、ショートメールであれば内容をお客様の状況に関係なくお送りすることができます。

オススメの土地情報が出た時や〇〇さんにメリットのあるお知らせがある時などだけ連絡しますので、頻繁に連絡することはありません。ショートメールかLINEであればどちらがよろしいですか？」

このようなトークから、お客様とのチャットコミュニケーションが始まる。家づくりは楽しいものである。工務店の担当者とのコミュニケーションも家づくりの楽しみの一つだ。LINEスタンプや、絵文字・顔文字などの感情を表す表現も積極的に取り入れるべきだと僕は考える。

「必ず電話で連絡する」という固定概念は勇気をもって手放すべきだ。後々、お客様とのやりとりを確認することにも使えるので、できるだけセキュリティの高い有料サービスを利用することをお勧めする。お客様とのコミュニケーションのあり方を見直す時がきているはずだ。

スマホ時代の優れたコミュニケーションとは何か？

工務店がお客様の家づくりを任せてもらう中で、必要不可欠なのがコミュニケーションだ。良好なコミュニケーションをとることで、いい家ができる。このことは誰もが想像できることで、また誰もが望んでいることである。

でも、ここで一度振り返ってみてほしい。全てのお客様と良好なコミュニケーションをとれてきただろうか？　性格や年齢、趣味嗜好、十人十色のお客様と柔軟に対応し、満足してもらえていただろうか？

さらに踏み込んで僕は考えた。お客様とのコミュニケーションで最も大事なことは何なのだろうか？　相手との共通点を見つけ出し、仲良くなることも一つである。また、お客様のこだわりや趣味などを理解することもその一つであると言える。

ただ本当に大事な要素を一つ挙げるとするならば、**「スピード感のあるコミュニケー**

図4　スマホ時代はスピード感が求められる

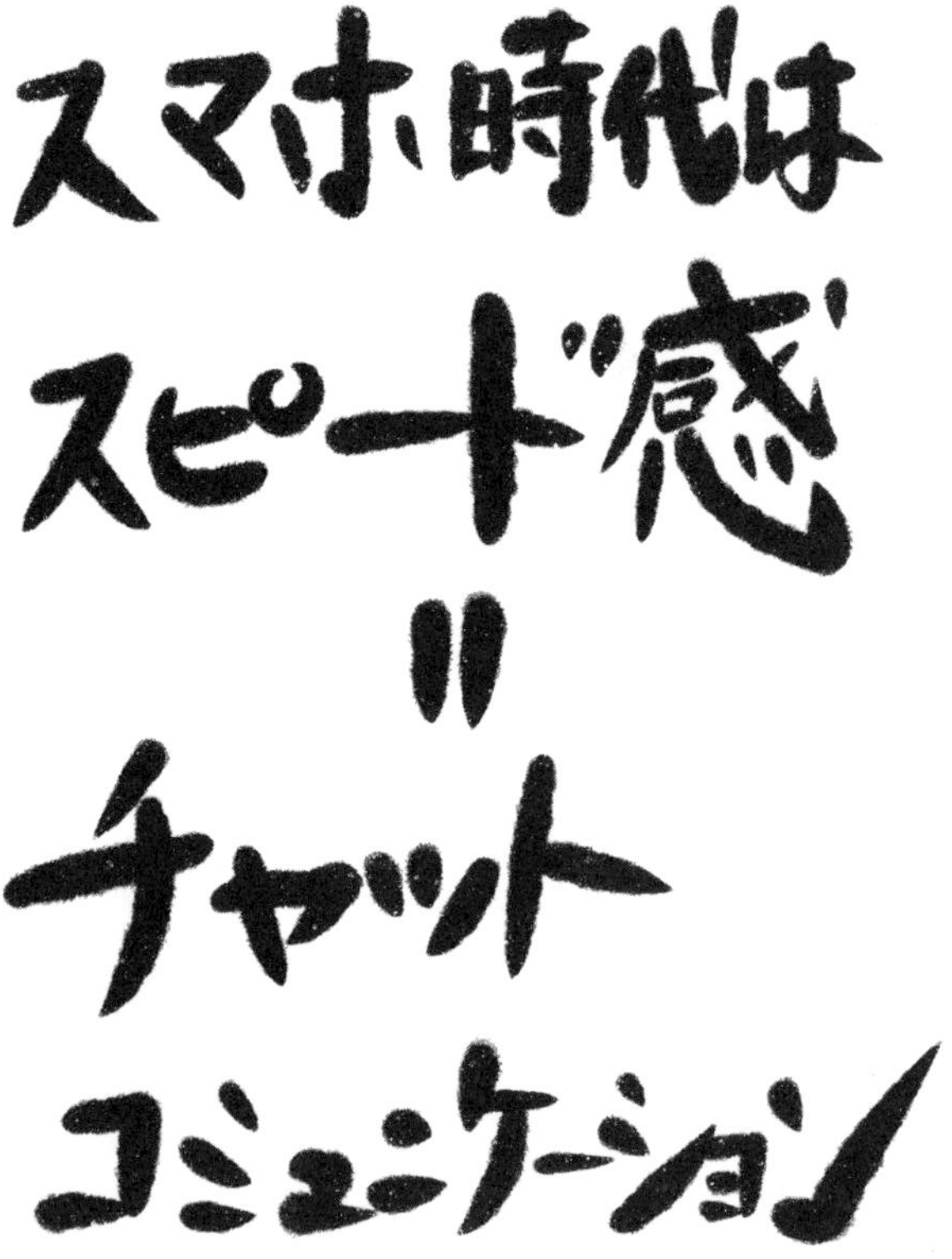
スマホ時代は
スピード感
＝
チャット
コミュニケーション

ション」に集約される。工務店がやるべきことは、お客様の時間を最大限に大切にして、不安や悩みを楽しみに変えることだ。何か質問されたら、**すぐに解消してあげる姿勢とそれを実現する具体的な方法が必要だ。**

これを全て電話や直接の面談でやろうと思うと、物理的に不可能だ。だからこそ、チャットなどの「**スマホを利用したコミュニケーション**」を選択すべきなのである。この後に、チャットだけでは実現できない部分について、オンライン面談などの活用を紹介する。実際にお会いしなくても、お客様サービスができることを示したい。

全力で身に付けるべき3つのコツ

新型コロナウイルス感染拡大によりリモートワークを余儀なくされ、オンラインで面談をするツールが脚光を浴びた。今では知らない人はいないと思うが、その代表的なものが**Zoom**（ズーム。https://zoom.us/jp-jp/meetings.html）だ。

Zoomは10年前から存在していて、僕自身は5年ほど前から活用を試みてきている。まだまだ普及していなかったため、使おうと思っても「直接行くので大丈夫です」などと言われることばかりだった。

ここにも大きな変化がありチャンスが眠っている。**どんなツールでもコツさえ身に付けてしまえば、そのメリットを長期にわたって得ることができる。**最初だけ頑張って習得すればいいのだから、自転車の乗り方を身に付けるのと同じで非常に効率のいい話だ。たとえ、今まで使ったことがなくても大きな変化がある時は、新しいことにどんどんチャレンジし、コツを身に付けるレベルまで訓練することが必要だ。

工務店が全力で身に付けるべきコツは3つである

- **オンライン面談**
- **リモート接客**
- **電子契約**

1つずつ詳しく書いていこう。

■オンライン面談

オンライン面談で、代表的なものはZoomだ。離れた場所の人と人とをつなぎ面談を可能にする。使うものはパソコンでもスマホでもタブレットでもいい。ネットにつながる環境であればどこからでも参加ができる。

移動も必要ないし、自宅で小さなお子さんを見守りながらでも、工務店の詳しい話を聞くことができる。画期的なサービスである。これだけ便利なツールが無料で使えるのだから、普及が進むのも理解できる。参加人数によって有料プランもあるが、無料プランで十分にオンライン面談は可能だ。**どうやるかを考えるよりも、とにかく使う。使うことでコツがわかってくる。**

ではここであなたに聞いてみよう。

「１日に何回Zoomをしているだろうか？」

一度もしていない人は、次の質問を考えてみてほしい。

「1ヶ月に何回オンライン面談をしただろうか？」

1ヶ月に5回未満という人は、恐ろしいほどのハンデを背負って工務店経営をしていると認識したほうがいい。どれだけ地方にいても、Zoomを使えばどの地域の人ともオンライン面談ができる。この可能性に気づいて、実際に行動を起こすだけだ。

僕は1日平均3回ほどZoomをする。短い時間のZoomもあれば、1時間ほどのものもある。

2020年5月時点で社内にZoom推進スタッフを任命し、全ての会議をZoom化した。全く問題ない上に、遠方から本社に集まる担当者からは「**移動せずに効率が上がった**」と喜びの声を聞いている。

まず何から始めたらいいかわからない人は、本書の最後に記載された僕のメールアドレスに直接連絡してほしい。そして、すぐにオンライン面談をZoomでしてみる。あなたにオンライン面談の可能性を気づいてほしいのだ。「そこまではちょっと」という方には、もっと簡単な方法をお伝えする。

GoogleやYahoo!などの検索エンジンで、「Zoom 使い方」と検索すればとてもわかりやすいマニュアルがたくさん存在する。

いいや、そんな検索すらもする必要がない。社内に既に使っている人は必ずいるはずだ。「Zoomを使ったことある人？」と聞いて、使ったことがある人を社内のスペシャリストに育てればいいだけだ。

オンラインだからこそ実現できるお客様サービスも生まれた。社長業をしながらでもお客様と直接話をする機会をつくれるのだ。「あいホームの建売」チーム・横山が担当するお客様とは、何度もZoomでお話をしている。建売の現地にいるお客様と横山、そして、本社にいる僕をつないでオンライン面談をする。経験の浅い横山には対応できない詳しい内容も、オンラインならば僕が**離れた場所で対応できる**。

Zoom同席をしていくと、今後の可能性の大きさに気づかされる。お客様にとっては、詳しい話をわかりやすく聞けるのが価値なので、オンライン面談サービスのメリットは大きい。これからますます加速していくだろう。わが社もまだまだ活用している分野が少ない。営業研修、設計研修などもオンラインで受講しはじめている。スキルアップや能力開発にも、大きなインパクトがあるはずだ。

■バーチャル展示場でリモート接客

次に、バーチャル展示場を紹介しよう。

そもそも、あなたはリモート接客を受けたことあるだろうか？ まだ一度も体験したことがないという人は、一度わが社のWEBサイト（aihome-vr.com）からモデルハウスをスマホで見学してみてほしい。モデルハウスにわざわざ足を運ばなくても、どんな建物なのかを明確にイメージすることができる。何度も住宅を建ててきた工務店経営者のあなたであれば、図面を見ただけで建物をイメージできると思うが、お客様にはそれができない。イメージできないから実物を見に行くわけだが、**どの展示場を見に行こうか決める時にリモート接客が必要になる**のだ。

このバーチャル展示場を活用して、離れた場所からモデルハウスを案内することができる。初めてこれを体感した時に、実物を見なくても住宅を購入するという時代が本当にやってくると思えた。考えてみると、車を買う時、服を買う時、本を買う時、家電を買う時、あなたは実物を見て買うか買わないかを決めているだろうか？

スマホで写真を見て、好みかどうかを判断したり、口コミに目を通して、買うことを決めていないだろうか？ お客様の立場になってみれば、住宅にも同じことが起こっている。

図5　お客様が来場するまでの流れ

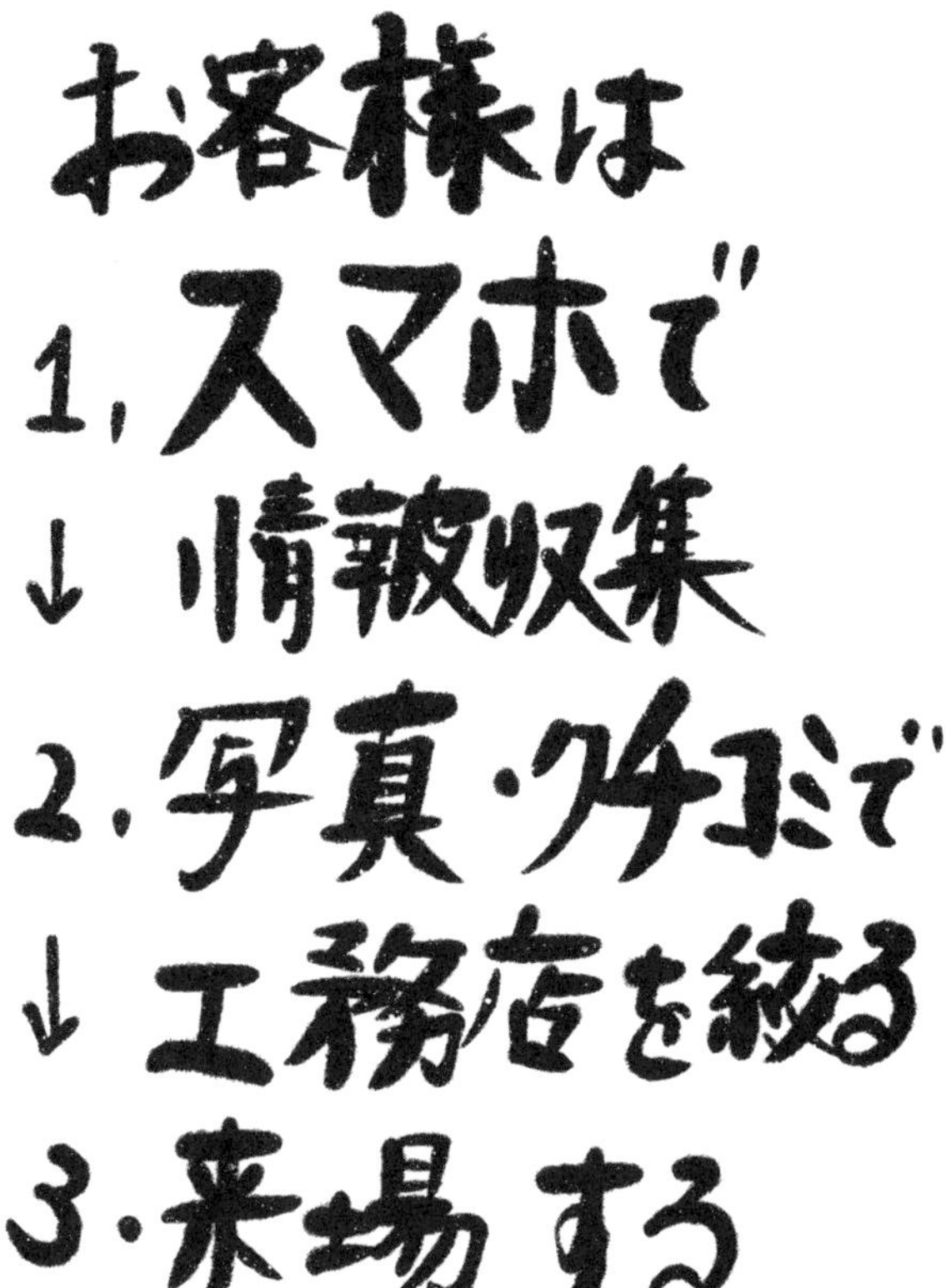
お客様は
1,スマホで
↓ 情報収集
2.写真・クチコミで
↓ 工務店を絞る
3.来場する

実物を見る前に、まずはカタログ資料やホームページを見て情報収集をするのだ。営業マンと詳しい話をする前に、事前に予習をしておく。口には出さないがこれがお客様が考えている本音だと認識している。

では、工務店の立場で何ができるのか？

やるべきことは、**家にいながら、家づくりのほとんどのことがスマホで勉強できるようにする**ことが大事だ。ステイホームでも大丈夫。おうち時間で家づくりができる環境を早急に構築しよう。お客様が知りたいことは、次のような疑問だ。

- 今までどんな家を建てたのか？（施工事例）
- それぞれの商品はどんな特徴があるのか？（商品WEBカタログ）
- 家を建てた人は実際の住み心地は？（お客様の声）
- 住宅づくりに関わっているスタッフはどんな人か？（スタッフ紹介）
- 会社の特徴は何か？（会社概要）
- モデルハウスの間取りは？（バーチャル展示場）

興味を持ったお客様はとことん調べる。**調べるとどうなるか？ さらに疑問が湧く。そこで初めて、工務店のあなたの話が聞きたくなる**のだ。「もっと詳しい話を聞きたい」となった時に、初めてお客様が工務店の話を聞く状態になる。このタイミングで、あなたがこれまで培ってきた家づくりの話を、聞きたいと思っているお客様に伝えるのが最高のサービスだ。

それを自宅にいながらできるようにしたのが、バーチャル展示場によるリモート接客だ。リモート接客を実際にやってみると予想もしないことが起きた。

実際にリモート接客をした時の実話を紹介しよう。

30代前半の若いご夫婦がリモート接客をホームページから申し込んできた。一度もお会いしたことがないお客様で、どんな人かもわからない。仙台市にある建売を「リモートで見学したい」というご要望だった。

予約当日、実際につないでみると、「なぜリモート見学を希望したか」という理由がわかった。２歳の子供がいたからだ。リモート接客をしていると、自宅でリラックスをした２歳のお子さんの楽しい声が聞こえてくる。このご家族が、建売の現地に見学に来たとしたらどうだろう。のびのびと育てたい2歳のお子さんを、無理矢理静かにさせなくてはいけないし、もちろん僕の話などちゃんと聞くことはできないだろう。

自宅にいながら、家族みんなで住宅購入を進めることができるのだ。子供が小さいからなかなか行けないと住宅購入を諦めている方にこそ、これからはもっと可能性が広がることを積極的に伝えていきたい。

このお客様とのリモート接客の際に、予想もしないことが起こった。リモート見学を希望したこのお客様が、「**今から展示場を見に行ってもいいですか？**」と聞いてきたのだ。ここで新しいお客様の行動を目の当たりにした。**リモート接客をすることで、実際の建物が見たくなる**ようだ。実際の建物見学→オンライン面談ではなく、**リモート見学→実際に建物見学**という流れが起きているのだ。お客様へのサービスは明らかに変化している。

■電子契約

最後に、電子契約について詳しく述べていこう。

もう当たり前に思っているかもしれないが、契約書にハンコを押すのはなぜだろうか？

ハンコ文化も見直す必要がある。

住宅はお客様にとって非常に大きな買い物になる。人生最大の買い物といっても過言ではない。だからこそ、契約をするということは「不安だ」という感情も出るかもしれないし、信頼できる工務店と契約したいと考えている。

工務店の立場で言えば、契約はとてもうれしいことだ。工務店が存続し続けるためには、ご契約をいただき続けることが必要だ。工務店が長期的に存続する上で、契約というプロセスはなくなることがない。早めに電子契約に切り替えておくことを強く勧めたい。わが社では、２０１９年4月から取り組み、２０２０年10月現在では、**約80％が電子契約**になっている。

電子契約のメリットは、３つある。

１つ目は、**紙で保管しておく必要がない**こと。これにより紛失というものは起きない。家づくりに関わる書類というのは、予想以上に多いものだ。その中でも一番大事な書類の紛失を防げるのは大きい。

２つ目に、**印紙代を不要にする**ことができる。住宅価格の金額によって1万円程度の印紙代をお客様が負担しなくてはいけないのだが、電子契約を選択すれば、この印紙税がかからない。印紙代がかからないだけではなくて、印紙を購入する時間や、押印をする時間なども省けるため、時間やコストにおいて、大きなメリットだ。

3つ目は、**離れていても契約ができる**こと。対面してハンコを押す作業が不要なため、県外から住宅を購入したり、住宅建築を検討している方が利用することもできる。2019年には、東京都新宿区に住んでいるお客様に建売を電子契約で購入していただいた。「そんなことができるんですね」ととても感謝された。

また、住宅ローンの手続きなど、全て電子でとはいかないが、ほとんどのことがパソコンやスマホを利用することでできるようになっている。電子契約をした書面であっても、金融機関は住宅ローンの必要書類として扱ってくれるし、税制優遇を受けるための税務署への提出書類としても使えることは確認済である。

早く始めれば始めるほど、利益を享受できるのは間違いない。わが社では**CloudSign**（クラウドサイン。https://www.cloudsign.jp/）というサービスを使い、電子契約を実践している。

今では請負契約、土地売買契約、建売売買契約、エクステリア請負工事契約書なども電子契約だ。**コツは、一度身に付けてしまえば生涯使えるスキルになる。**大変なのは最初だけだ。１棟の住宅を建築する大変さを知っているあなたであれば、必ずマスターできる。

第２章では、少人数を強みに変える顧客管理と組織について、どのようにＩＴやネットを活用し、高収益な体質にするかを説明していきたい。

第2章

少数精鋭で高収益！ 顧客管理と組織体制

将来の優良リフォーム顧客を忘れていないか？

工務店が建築した住宅に長い期間住んでいると、家族のライフスタイルの変化や住宅の劣化に伴ってリフォームの要望が出てくる。住宅を建築すれば、お客様との関係は一生続く。建てた後も、長期的な関係を築くことで**営業のいらないリフォーム事業**が成立する。高収益は、お客様から利益をたくさんいただくことだけで実現するわけではない。少人数で低コストな体制を実現するから高収益になるのである。リフォームを専門に商売をされている企業には、絶対にマネできないことだ。**工務店だからこそできる少人数・高収益な体制を想定し、顧客管理を徹底すべきである。**

リフォーム事業を行う上で、必要なプロセスは7つだ。①営業提案、②現状把握、③見積作成・提出、④工事前の準備、⑤リフォーム工事、⑥請求、⑦支払確認、である。

このうち、工務店は2つのプロセスを省くことができる。自らが建築した住宅であるからこその省力化だ。その省力化とは、①営業提案と②現状把握である。いつ建築されてどんな材料が使われていて誰が建てたのかを全てわかっている。そのため、**現状把握に要す**

る時間やコストはゼロに等しい。そして、**すでにお客様との信頼関係を構築している。**わざわざ営業する必要がないのだ。

わが社がアフターリフォーム事業を強化しようとしている2021年2月現在の状況を共有しておく。実践の真っ最中である。

これまで2500棟もの住宅を建築してきた。完成後は、無償で点検サービスを行っており、2年先まで6回の無償点検を行う。「その後も点検をしてほしい」という要望が多かったため、アフターリフォーム事業を想定し、点検の長期化を検討した。5年、10年、15年、20年と、5年に1度訪問する長期点検サービスだ。これにより住宅の状態をしっかりと記録に残すことができる。

この**点検をする際に、こちらから無理に営業をしなくても、お客様が自らリフォームをしたいと相談しやすい接点が生まれる。**売り込む必要はなく、お役立ちの精神で向き合うことが何よりも大事だ。

お客様の立場になって考えた時に、全く知らない業者に頼むよりは、自分の家を建ててくれた工務店にリフォームを頼みたいと思うのはいたって普通のことだ。ただ、そのきっかけともなる点検を長期的に行っている工務店や、リフォーム相談をいただく信頼関係をつくっていない工務店、がまだまだ多いのが現状ではないだろうか。

住宅を建ててくれた大切なお客様であると同時に、将来の優良な「リフォーム顧客である」ということを強く認識して、積極的にアフターサービスを強化すべきだ。**そう考えることで、点検サービスも充実するし、リフォーム対応のスピードも上がる。**地域密着の地方工務店だからこそできる究極のアフターサービスだ。このアフターサービスに必要不可欠なのが「顧客管理」である。

工務店の「顧客管理」はなぜレベルが低いのか？

日本の住宅トップコンサルタントの長井克之氏は次のように言っている（『住宅ビジネス言論』住宅産業新聞社、１９９６年）。

「住宅業界は顧客管理が極めて悪い、レベルの低い業界である」

１９９６年9月に発行された書籍の中に書かれた一文であるが、２０２１年の今現在もこの言葉は僕の心に刺さってくる。あなたの心には響かないだろうか？　**時代を超えて工務店業界の大きな課題の一つが顧客管理だ。**

さらに長井氏は、工務店業界の顧客管理が悪い理由を次のように言っている。

・需要がいつも新規に期待できるため既存顧客の煩わしい面倒をみる必要はない

・クレームが怖いからできるだけ触らないほうがよい、特にアフターサービスなどは経費負担以外なにものでもない

・住宅は一度建てると2度目の受注には20年から30年の歳月がかかり再受注が期待できない

などの理由によると思われる。営業マンもほったらかし、企業も知らん顔が多い。生命を担保にして「家族の幸福の城」を求めるお客様に対して、大変失礼な実態であり嘆かわしい事実である。（『住宅ビジネス言論』住宅産業新聞社、１９９６年。本文引用）

さあ、これを読んだあなたは顧客管理にどう向き合うだろうか？　お客様の立場で考え

た時に、顧客管理に力を入れない理由は一つもない。

顧客管理の目的を考えた時に、大きく2つあると考えている。1つ目は、将来の優良なリフォーム顧客を大切にし、**長期存続できるアフター体制を構築する**こと。そして2つ目は、**お客様との信頼ネットワークを築く**こと。第3章で、「お客様からの応援」について取り上げるが、お客様からの応援ほど工務店経営に影響のあるものはない。これから少子高齢化が進み、住宅着工が減っていく中で、広告宣伝に頼る経営はますます厳しくなっていくだろう。

昭和62年から平成2年までのバブル好景気が崩壊してから約30年経つが、業界全体にバブル好景気の売れた時代の感覚がまだ残っているのではないだろうか。僕自身はバブルの経験はないし、現在の顧客中心の考え方以外ないと考えているので、厳しい時代に工務店経営者になれたことを心から感謝している。

お客様を中心に考えて、**お客様と会社、お客様と会社メンバーの間に信頼のつながりを築く。その根幹が「顧客管理」である。**1人のお客様は1人ではない。友人や家族・親戚まで入れると30人は超えるだろうし、顔がわかり声をかけられる人は100人ぐらいになるはずだ。関係する皆さんにもいい影響を与えたい。逆に、お客様に不満をもたらし、１人のお客様を失えば１００人のお客様を失うことになる。

この信頼の輪のことを、「地域密着・顧客密着」を地方工務店に提唱する長井氏は「**人縁地縁信縁の信頼ネットワーク**」と呼ぶ。僕は業界の大先輩のこの考えに大変感銘を受けている。工務店業界に最も伝えたいことの一つであるし、わが社も生涯にわたって磨き続ける覚悟だ（図６、図７）。

信頼の輪の中心である「顧客管理」を成功させるためには、徹底してＩＴの活用が必要だ。具体的にどのように管理するのか？　顧客管理を追求する事例として共有し、工務店業界の顧客管理のあるべき姿を模索していきたい。

顧客管理をＩＴでどのように実現するか

顧客管理は長期的に生き残るために、絶対に必要だ。具体的にどのようにすればいいかをわが社の事例も紹介しながら手順を伝えていこう。

図6　人縁＝人のつながり

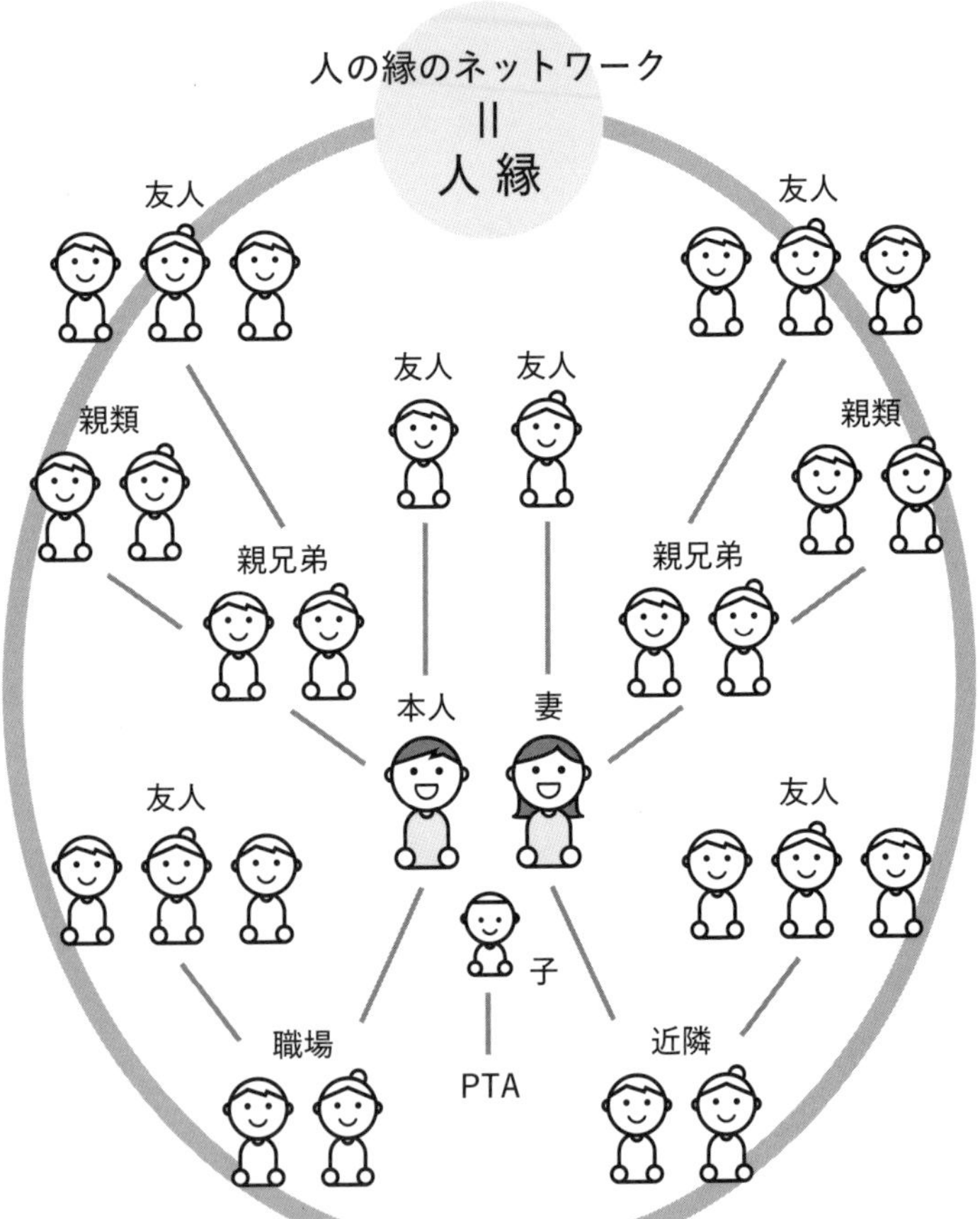

図７　地縁・信縁＝地域・信頼のつながり

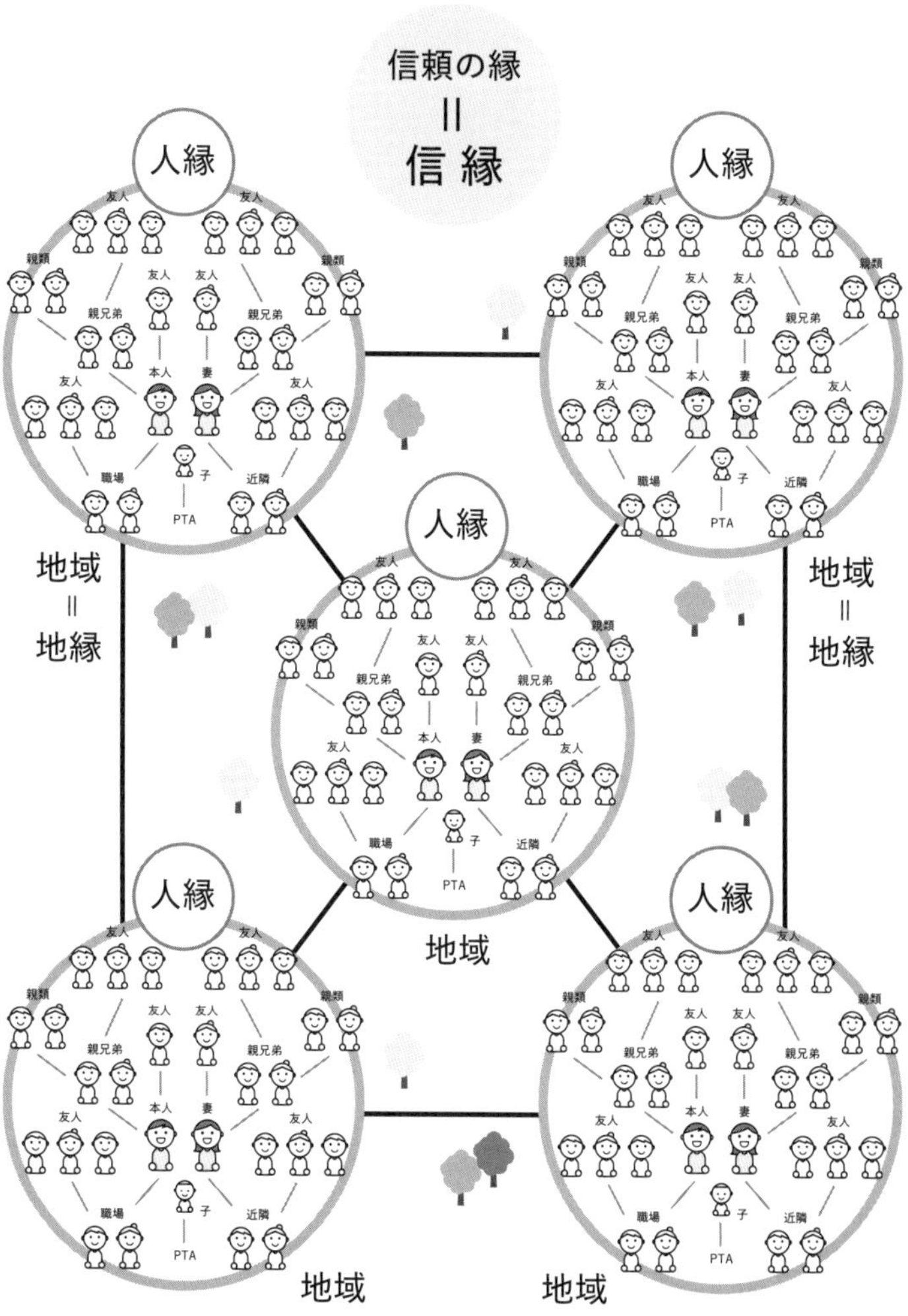

顧客管理の目的は、この2つに集約される。

❶将来のアフターリフォーム顧客のベース構築

❷お客様との信頼ネットワークの構築

この2つを実現することで、長期的にご紹介による新築受注とアフターリフォーム受注に困らなくなる。長い時間をかけて構築するため、外部環境にほとんど影響されることなく安定的な経営をすることができる。

まずは、**顧客について整理する**ことをお勧めする。ＩＴ化をする前に頭の中で、顧客を次のように分けて考えてほしい。

❶契約顧客（契約済のお客様）

❷入居顧客（引渡済のお客様）

❸見込顧客（未契約のお客様）

❶契約顧客は、すでに契約済のお客様。❷入居顧客は、契約済で住宅が完成し、引渡が完了しているお客様。❸見込顧客は契約前のお客様なので、営業活動の中心にあるはずだ。会社によって、呼び方は違うが日本全国どの工務店でも、この3つに分類できるはずだ。

この顧客分類を自社に当てはめてほしい。そして、顧客管理の徹底度チェックとして、次の質問にいくつ即答できるかを数えてほしい。7個の質問を用意した。

・今月契約日が確定している「契約顧客」の数は？
・今月の着工済の現場の数は？
・御社の「入居顧客」の数は？（引渡済の累計棟数）
・今月来場された「見込顧客」の数は？
・今月の初回面談をした営業パーソンベスト3は？
・今月の資料請求の数は？
・今月の建築確認済の数は？

半分以上に即答できる場合は、かなり❶〜❸の顧客管理を徹底していることが想像でき

図8　顧客管理のイメージ

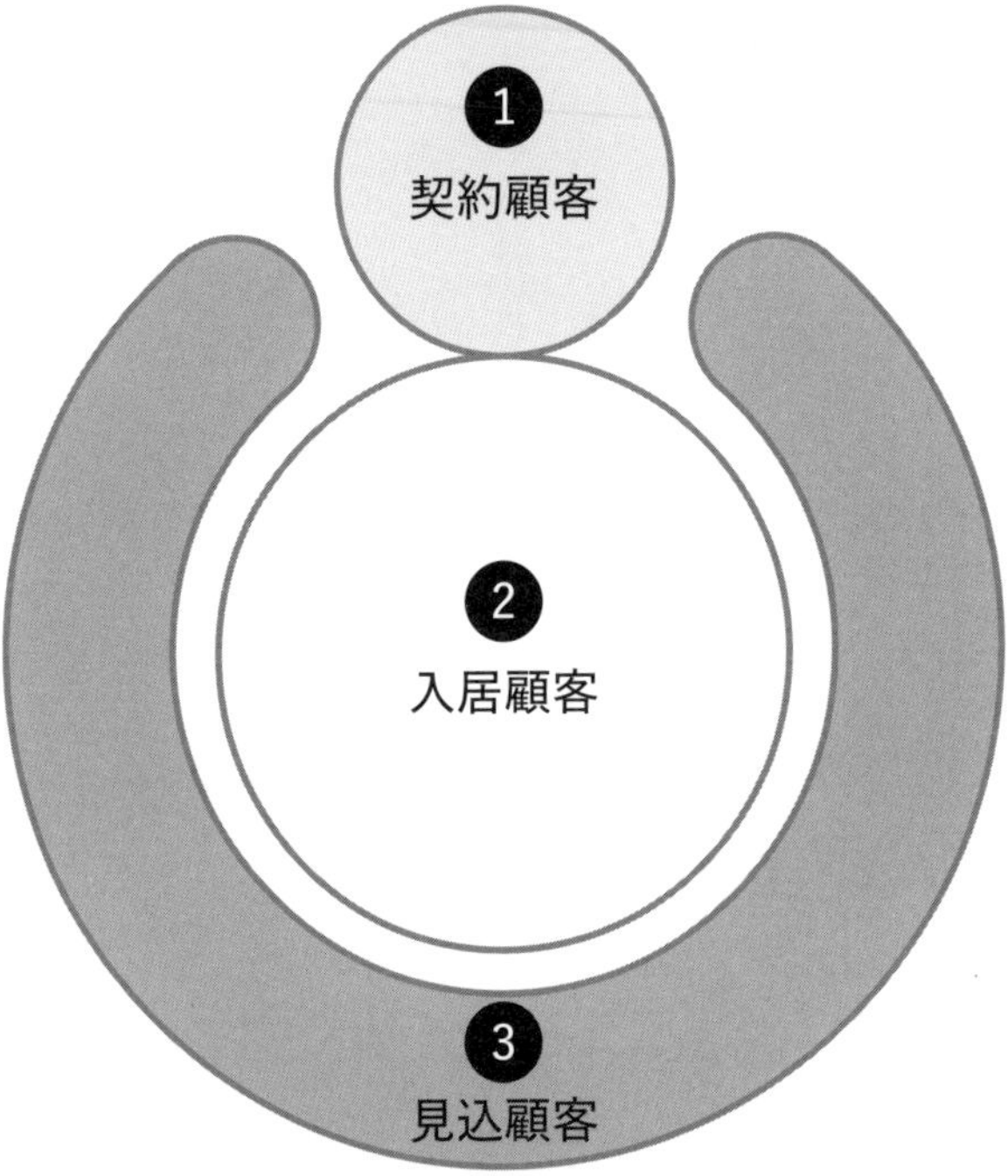

見込顧客は、契約顧客や入居顧客の近くにいる。友人が新築したら遊びに行く。近くで建築している現場があれば、その工務店を認識する。そのため、見込顧客が上記のように契約顧客と入居顧客を囲んでいるようなイメージを持っている。

る。１つも即答できない方も中にいると思うが、全く問題ない。僕自身も２年前まで、全ての質問に即答することができなかった。この２年で顧客管理の重要性に気づき、徹底的に取り組むことでできるようになっただけだ。手順を踏めば、どんな会社でもできる。会社によって顧客管理で徹底されている部分が違うはずだが、着手する順番としてお勧めするのは、**❶契約顧客→❷入居顧客→❸見込顧客の順番**で整理していくと良い。

着手する順番の理由は、契約済のお客様の顧客管理をしっかりすることにより、目の前のお客様に喜んでもらえるからだ。見込顧客については契約をいただきたいという自然な気持ちが働くので、どの会社も管理意識が強いはずだ。そのため、**まず意識すべきは契約顧客だ。次に入居顧客に着手する。最後に、契約顧客と入居顧客が整備された状態で、見込顧客の管理を磨いていく。**

わが社の場合は、現在２５５３組の入居顧客がおり、毎月約１００組の新規見込顧客が来場される。これだけの数を「手書きの表」で管理することは不可能だ。そのため、顧客管理にＩＴを徹底的に活用し、「人がやらなくてもいいことはＩＴに任せよう」を追求している。

ＩＴ顧客管理で最も大事なのは、「１顧客１ＩＤ」だ。顧客コードという言い方をするところもある。わが社では、「絶対キー」と呼んでいる。データで顧客管理をする時によくある悩みは、データが整わないことだ。入力者によって名前の入力方法が違ったり、入力ミスなどによってデータの一致が難しい場合がある。名前や住所などを管理するのはもちろんだが、お客様ごとの「ＩＤ」を決めて、どのＩＴサービスを使っても、この決めた顧客ＩＤだけは統一的に使用する。

管理している顧客データに基づいて、着工前の物件管理、着工後の工程管理、完成後の顧客管理など、それぞれのＩＴサービスとの連携が必要になるので、そのためにも名前以外の「ＩＤ」を自社独自でルールを決めてつけることをお勧めする。そのコードさえつけておけば、Excelで顧客データを整理するのが、驚くほど簡単にできるようになる。

わが社では**Salesforce**（セールスフォース。https://www.salesforce.com/jp/）と**自社システム**を利用して、顧客管理や物件管理をしているが、Excelなどを使ってもできる方法なので、参考にしていただければ幸いである。それでは、ここからそれぞれの顧客管理のポイントをお伝えしていこう。

契約顧客の管理

契約済の顧客管理の場合は、**着工前管理、工程管理の２つのパート**に分かれる。どちらの管理も、「人」ではなく「プロセス」を管理すると理解する。わが社では、人の情報を「お客様情報」と呼び、プロセスの情報を「物件情報」と呼び分けている。契約日が確定したお客様は、「着工前管理」へ進む。着工月が確定したお客様は「工程管理」へと進む。このように**契約日と着工月確定を基準に管理する箱を変えていくイメージだ**（図９）。

まず着手すべきは、契約済のお客様の「着工前管理」となる。着工前管理が疎かであればあるほど、お客様に工程上の迷惑をかけることになる。それだけでなく、職人に安定的に工事をしてもらうことができない。東日本大震災の直後、限られた業者数と限られた現場監督で、１００棟から２００棟へと施工体制を大幅に向上させることができたのは、この**「着工前管理の徹底」に成功**したからだ。

毎月10日前後に**着工促進会議**をする。その時に会議するのは、**３ヶ月先の着工物件についての事前確認だ**。物件の数を確認し、それぞれの物件ごとに着工前にすべきことを確認していく。そこで決めた着工前準備を期日通りやっていくことで、初めて予定通り工事着

図9　顧客別に顧客管理の箱を切り替える

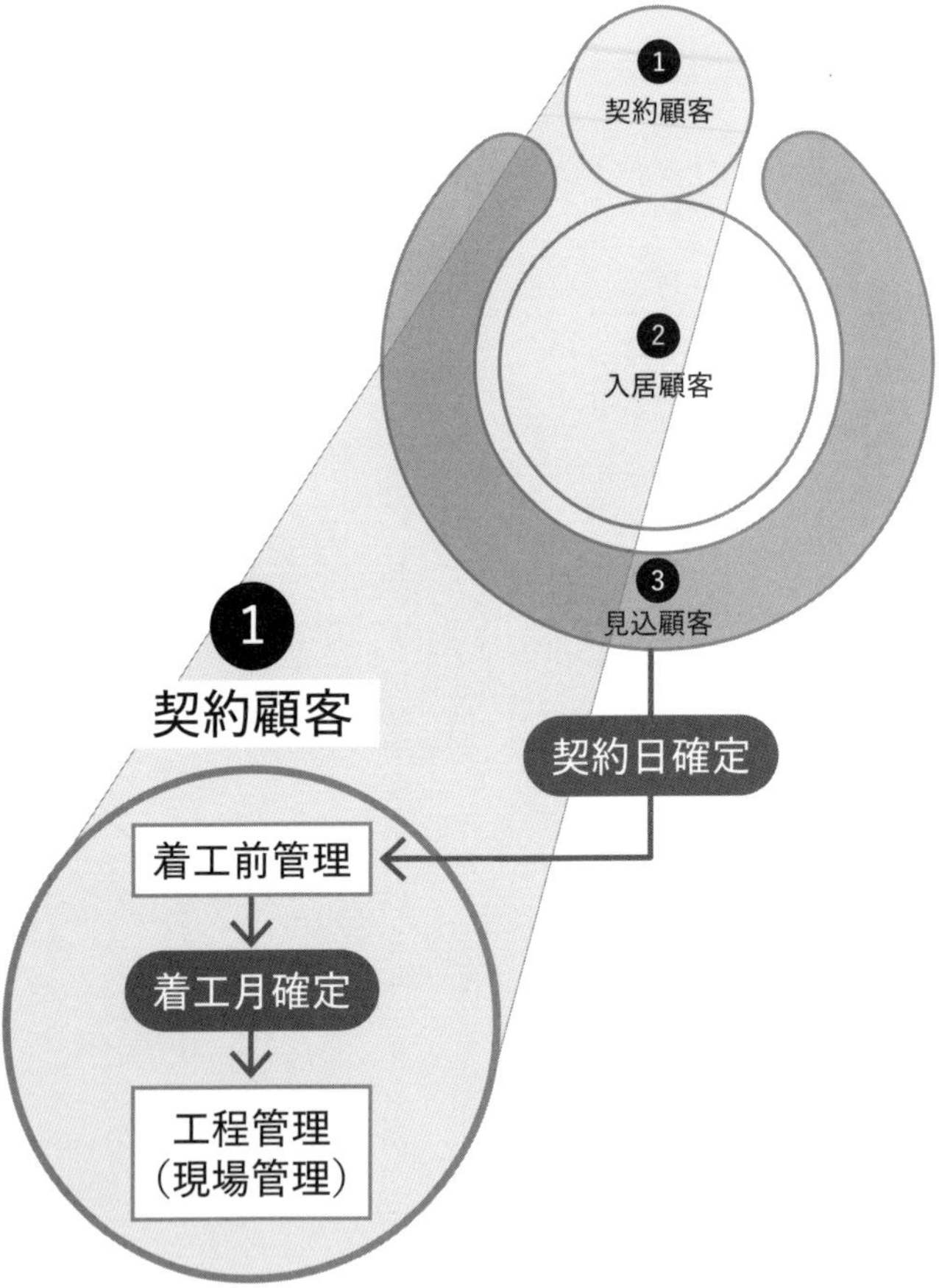

手が可能になる。書くのは簡単だが、実行するのはとても難しいはずだ。諦めずに取り組もう。わが社でもこの着工促進会議については永遠に追求していくつもりだ。

この着工前管理が徹底されて、着工促進会議の仕組みができてくると、工事の平準化が実現する。品質が向上し、コストが下がる。契約顧客の工程管理も上手くいく。これについては第４章で詳しく書くことにする。

入居顧客の管理

着工前物件の管理が徹底されてきたら、次に着手してほしいのは入居顧客の管理だ。アフターメンテナンスをする際に必要になるし、将来リフォームをする際にも絶対に必要なデータなので、しっかり管理すべきことになる。

まずは、今現在**引渡が完了しているお客様の数を明確にする**ところから始めてほしい。これをいつでも答えられるようにしてほしいのだ。これを書いている２０２１年２月13日において、わが社で引渡済のお客様は２５５３組だ。**毎日、引渡済のお客様の数がカウン**

図10　入居顧客の数をリアルタイムに表示

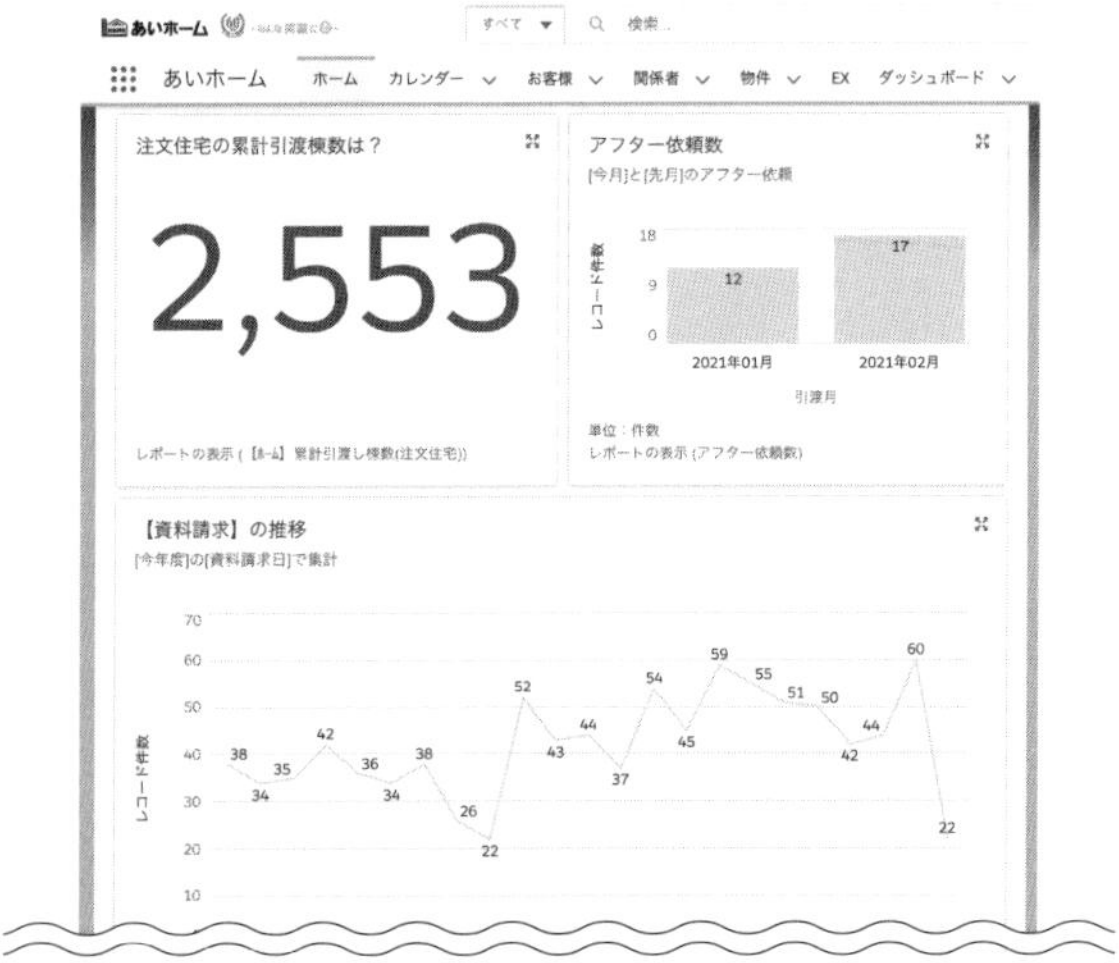

トされて、数字が見えるようになっている（図10）。

入居顧客の管理とは、つまりこの2553組のお客様のデータのことを指す。住所や連絡先などのお客様に関することや、建築図面や建築中の写真などもすぐに検索して取り出せる状態になっているとなおいい。

自社で建築したのだから、お客様からすれば情報が整理されているのは当たり前と思っているが、明確なルールとIT活用がないと情報整理は難しい。

住宅が1棟建築される時に使用される図面・資料が膨大で、多くの収納スペースを必要とする。図面を紙で管理している場合は、書棚にしまっているはずなのでいつでも取り出せるように整理しておくことが重要だ。今は、紙をスキャンする技術が上がっているので、**すぐにお客様情報を取り出せるように電子化する**ことをお勧めしておく。

過去の膨大な資料を電子化するのが難しい場合は、まず目先のお客様の書類から電子化すればいい。「２０１９年度のお客様から電子化する」などと小さなゴールを設定し、徐々に電子化を進めるしかない。**大事なことは、電子化が目的なのではなく、お客様の重要な情報をすぐに取り出せること**。この大事なことを見失わないようにすべきだ。

いよいよ最後の見込顧客管理のことに触れていく。これについては「顧客管理と営業プロセスを同時に管理する」という次の項目で詳しく述べていく。

見込顧客の管理
——顧客管理と営業プロセスを同時に管理する

すでに引渡が済んでいるお客様のデータを大切にすることと、契約をいただいている方のプロセス管理（特に着工前管理）をしっかりすること。これらを徹底しつつ、工務店がその地域に存在し続けるためには新たに家を建築したい方と出会い、契約をいただくプロセスが欠かせない。目先の契約に関わることなので、全ての工務店が最も力を入れて管理しようとしている。それが「**見込顧客管理**」ではないだろうか。

わが社が取り組んできた見込顧客管理について、大事な考え方と実際の管理方法をオープンにする。さらに良い顧客管理のやり方を模索していきたい。

見込顧客の管理を考える上で、まず理解しておきたいのは、**お客様の購買行動がどうなっているのか**ということである。お客様のことをよく理解しなければ、何を管理していいのかわからないはずだ。

地域によって多少違うはずだが、ベースとして理解しておきたいのは、これ1つ。「**AISASモデル**」というお客様の購買行動モデルだ。

①Ａ（アテンション、認知）……商品や会社を認知する
②Ｉ（インタレスト、興味）……商品やサービスに興味を持つ
③Ｓ（サーチ、検索）……検索して比較検討する

④Ａ（アクション、行動）……購入する
⑤Ｓ（シェア、共有）……クチコミをする

スマホの購買行動を例にとろう。ドラマで好きな芸能人がお洒落なスマホを使っていた（**Ａ：認知**）。すると、その夜に観ていたYouTube（ユーチューブ）の広告で同じスマホの情報が流れてきた（**Ｉ：興味**）。そろそろ、スマホを買い替えようと思い、今どんなスマホが発売されるのかを検索して調べたり、友人に聞いたりすることで欲しいスマホがほぼ決まった（**Ｓ：検索**）。休日を利用して携帯ショップへいき、ショップの店員さんの話も聞いて、購入するスマホを決めた（**Ａ：行動**）。ワクワクしながら家に帰り、新しい機能を試し楽しむ。普段の生活の中で便利に使い、とても満足しているので、友人に「スマホ新しく買ったんだー」「この機能が気に入っててー」とおしゃべりを楽しんだ（**Ｓ：共有**）。これが、ＡＩＳＡＳという購買行動だ。イメージはつかめただろうか？

この①～⑤の購買行動は、ネット、そしてスマホが普及したことにより、ものすごいスピードで加速している。スマホ１台で①～⑤まで成立してしまうからだ。ネットは24時間使えるので、昼も夜も関係なく大量の購買行動、つまりＡＩＳＡＳの購買行動サイクルがグルグル回っている。

これを住宅購入に当てはめて見込顧客の管理をしていこう。**「見込顧客」と呼んでいる「すでに展示場に来場したお客様」は、会った時点で④A（アクション）の行動段階まできている。**「あれ、もう④？」と思った方は、①～③は会う前にネット上で起こっていると理解するといい。スマホで①～③までは見えないところで進んでおり、④で初めて目に見える。そしてまたスマホで⑤S（シェア）の行動をとる。それがこれからのお客様だ。

そのため、第3章で詳しく書くが、ホームページやSNSを徹底的に活用して、お客様と会う前のプロセスを磨くこと。**わが社も毎日のように、お会いする前のお客様に有益な発信を続けている。**まだまだ足りないので、さらに量質ともに努力を重ねるつもりだ。

さて、見込顧客管理へと話を戻そう。見込顧客の場合は、まだ購入するかどうか確定しているわけではないため、顧客管理だけでは不十分だ。**顧客管理と営業プロセスを同時に管理**していかなくてはならない。お客様の購入プロセスを住宅にあてはめると、資料請求、イベントや展示場への来場、商談の3つが挙げられる（図11）。

商談なく契約になることは絶対にないので、商談プロセスは必須だ。そして、商談は何によって発生するかというと、初回面談（来場）に成功することだ。展示場に足を運んだ

図11　見込顧客の中身

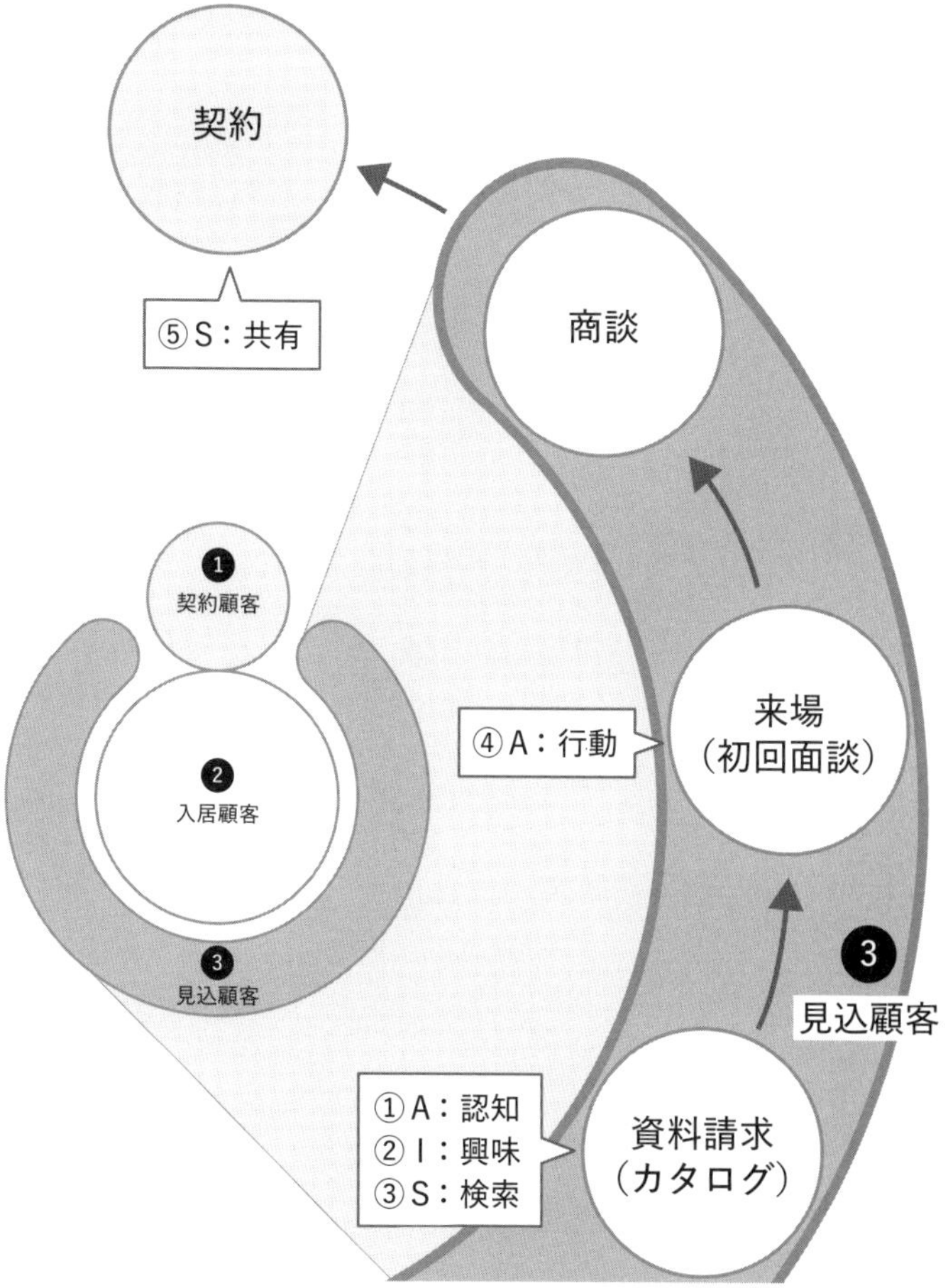
契約
⑤S：共有
商談
❶
契約顧客
❷
入居顧客
❸
見込顧客
④A：行動
来場
（初回面談）
❸
見込顧客
①A：認知
②I：興味
③S：検索
資料請求
（カタログ）

ものの、いいと思わなければ商談に進むお客様はいない。そのため、この**見込顧客の管理の中で最も大事なことは、初回面談（来場）の管理だ。**せっかく足を運んでくれたお客様へ、最高のおもてなしと住宅購入の応援ができているかを徹底的に追求する。具体的な営業については、第4章で詳しく触れる。

顧客管理データを徹底的に〝見える化〟する

「顧客管理データを大切にしよう」ということを最も伝えたい。データを大切しないということは、お客様の実態を数字で掴むことができないため、何となくの改善しかできないからだ。**「数字は正直」**ということを、先代から耳にタコができるほど言われてきた。ＩＴ化を進めていくにつれて、今起こっていることを数字でリアルタイムに見えるようにしてきている。

データを大切にし、数字で管理する上で大事なのは、徹底的に見える化をし、情報をオープンにすることだ。情報をオープンにして、現状を正確につかみ、改善につなげて初

図12　資料請求数と新規来場者数の推移

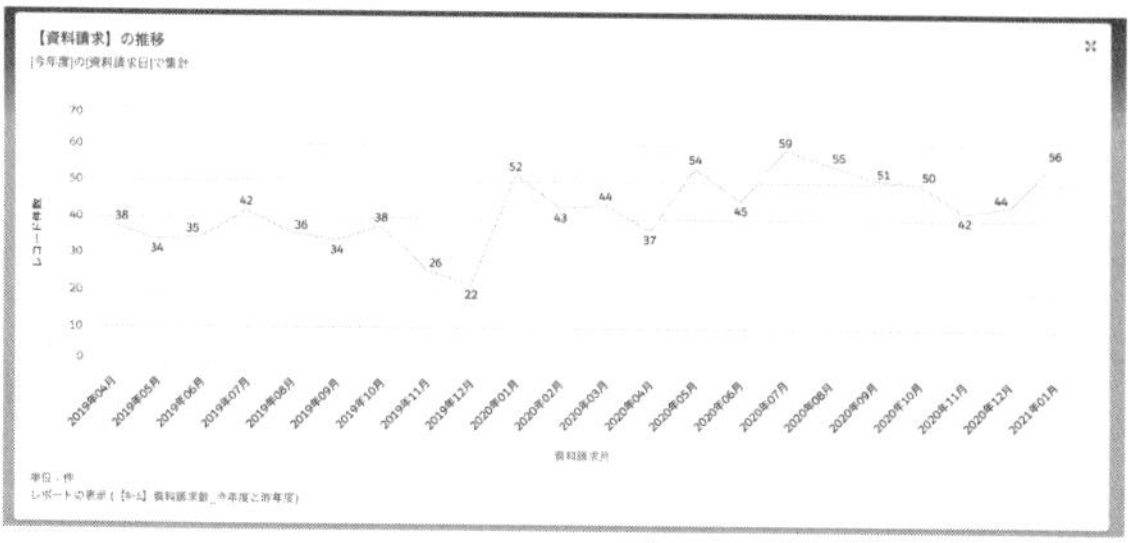

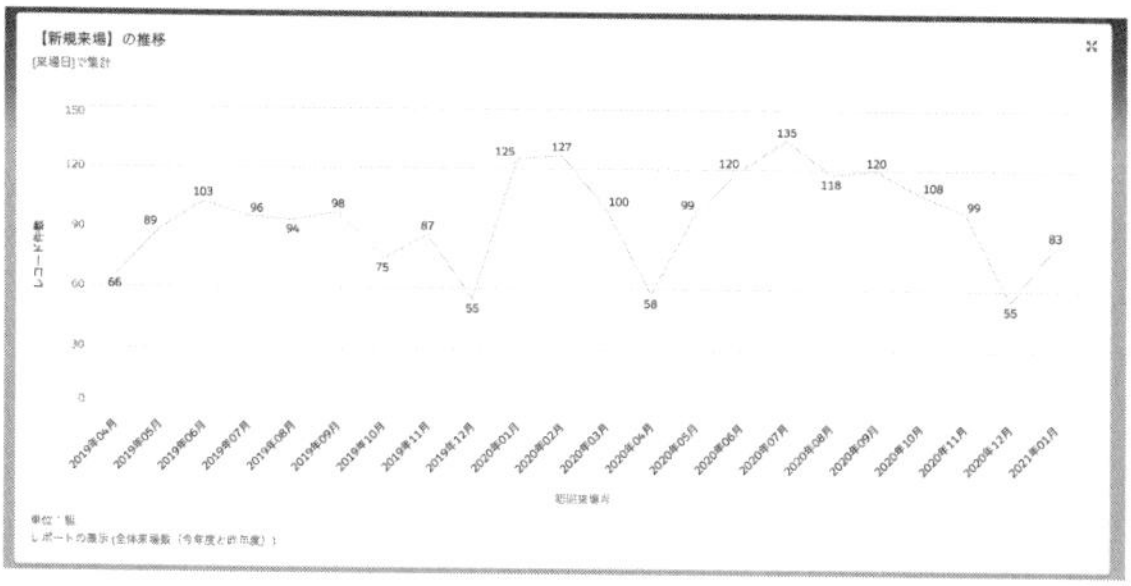

めて価値がある。ただ、データ入力だけを徹底させて、情報をオープンにしなければ、データ入力する意欲も湧きづらい。

わが社では資料請求や初回来場などについて、上のようなグラフで社員全員がリアルタイムで確認できるようになっている（図12）。

ただ、**見込顧客の管理においては、お客様の情報だけではなく、営業スタッフのプロセスの管理も併せて行うことで、顧客サービスの課題に気づき、改善につなげることができる。**

初回面談や商談は次ページのよ

図13　営業プロセスの見える化

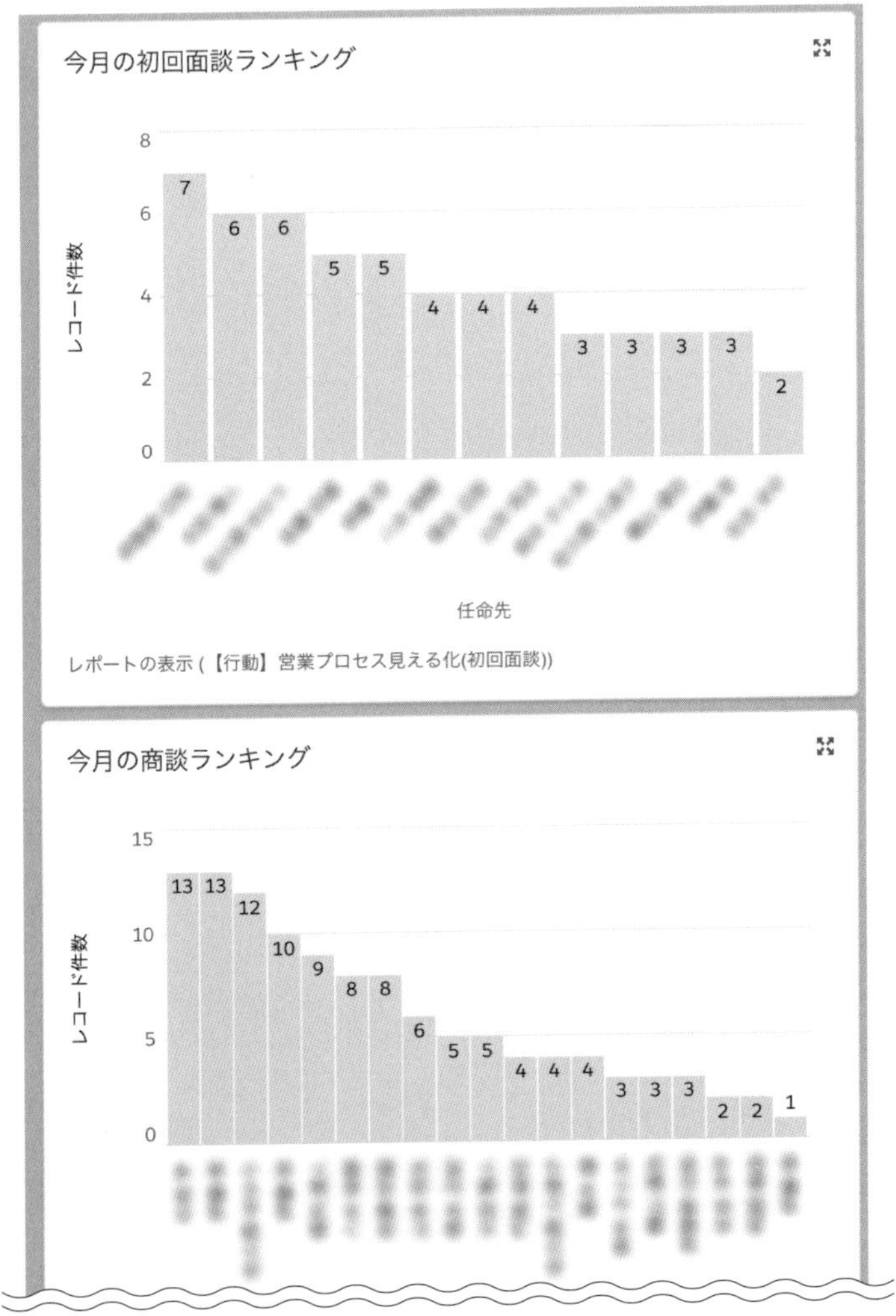

うなグラフでいつでも全社員がお互いに確認できるようになっている（図13）。

ＤＸ化を推進するための逆ピラミッド組織

本章では、顧客管理について、ＩＴを徹底的に活用しながらＤＸ化を進めることを述べてきた。具体的にどう行うかという方法だけでなく、**誰がやるかという組織体制**についても踏み込んでいく。お客様の住宅購入をしっかりサポートできて、さらに顧客管理をＩＴで徹底的に行う組織機能図の理想は次ページのようなイメージになる（図14）。

一番上にお客様がいて、そのお客様を全員が支える。ここで大事なのは、営業・設計・工務・コーディネーターの垣根をつくらないことだ。仕事の種類が多少違うだけで、**お客様を支える役割という意味では同じ職種といってもいい**。そして、経営者はこのような組織を常に念頭に置いておくことでお客様がよく見えるようになる。顧客（お客様）とは細い筒でつながっていて会社全員で支え、ＩＴの力を活用しリアルタイムで実態を数字で把握する。このような組織機能を磨いていこう。

図14　お客様を支える理想の組織機能図

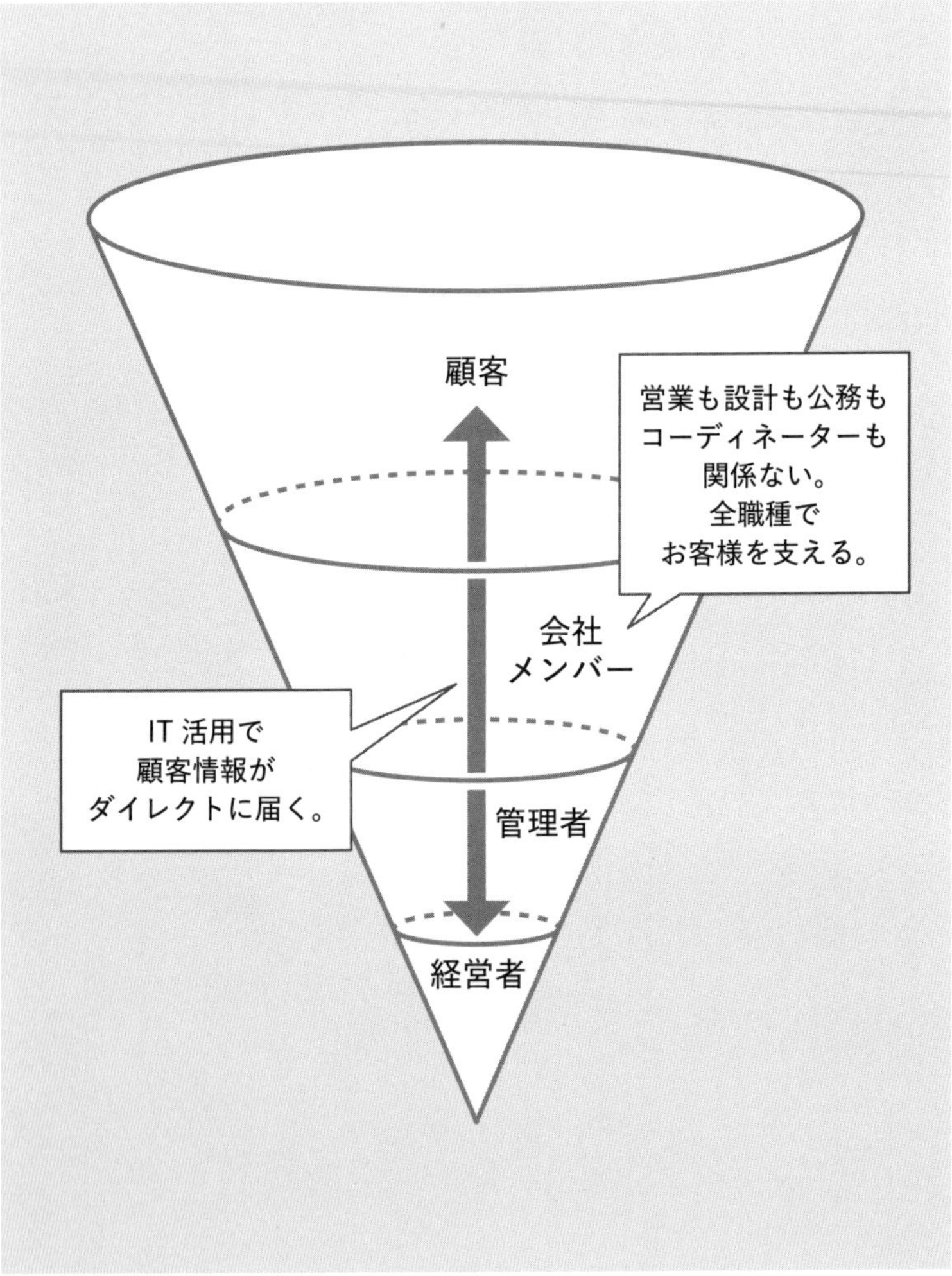

第3章

リーズナブルな住宅価格でも利益が残る仕組み

工務店経営の自然増減現象に立ち向かう

日本の住宅トップコンサルタントの長井克之氏はこのように言っている（『住宅ビジネス成功の鍵』日本住宅新聞社、２００４年）

経営に関する事項で絶対認識しておく必要がある「経営の自然現象」がある。伸びてほしいと思うものが逆に低下し、減ってほしいと思うことが増えるというのが現実である。（本文引用）

本当は減らしたい！　でも、何もしなければ増えてしまうもの。具体的には、**経費**、**在庫**、**クレーム**、**工期遅延**、**データ未入力**、**手直し工事**などがある。これらは徹底的に減らしたい。手直し工事ゼロは、一生追求する。努力しなければ自然に増えていく自然増の項目については、「徹底管理」で立ち向かう。

逆に、増やしたい！　しかし、何もしなければ減っていくもの。それが、**売上**、**利益**、**利**

益率、生産性、品質、クチコミ、スキルなどだ。何もしなければ自然に減っていく。変化に対応しなければ確実に減っていく。積極的に新しいことにチャレンジし、自然減する項目には「努力創造」で立ち向かう。

リーズナブルな住宅価格を実現しながら利益が残る体質にすることはこの**自然現象との戦いだ。減らしたいことは「徹底管理」、増やしたいことは「努力創造」で戦い続ける。**

長井氏は、この自然現象が起きる要因を次のように言っている（『住宅ビジネス成功の鍵』日本住宅新聞社、２００４年）

自然現象が起きる理由は、ほとんどが言い訳とマンネリによるものといえる。マンネリは何も変えず、過去の延長の惰性でいるものである。言い訳は別名「美しいインチキ」のことである。言い訳はあまり悪気がなくて言っている場合が多いが、実際は自分と周囲までをも破滅にもたらす恐ろしいものである。（本文引用）

自然現象と長井氏は表現しているが、実際に引き起こす要因は人だ。経営者である僕も含め、**言い訳とマンネリになっていないかを定期的にチェックする必要がある。**簡単なチェック方法としては、**「使っている言葉」を注意深く確認する**ことだ。どれだけ過去に結果を出した人でも、経験すると色々わかってきて、「でも」や「いや、違う」と否定から入るようになる。意識しなければ、ほとんどの人が否定的になっていくはずだ。年齢を重ねれば重ねるほど経験を積み、その経験が邪魔をして新しいことをブロックしてしまう。

意識を変えようとする時は言葉に着目する。変えることができるのは「使う言葉」だ。「面白そうですね！」や「いい方法考えてみます！」など**前向きな言葉を使えば使うほど、意識が変わる。意識を直接変えようとするよりも、プラスな言葉に変えることによって意識を変える。**「意識高くいこう」というようなぼんやりした言葉ではなく、具体的にダメな言葉といい言葉が明確にある社風をつくり上げていく。自分自身がこのことを一番に気つけていこう。

リーズナブルな価格で利益が会社に残る体質は、経営の自然増減現象との向き合い方によって実現する。ミス・ロス・ムダを発生させない仕組みづくりを徹底的に行うために、ＩＴを徹底的に使おう。**徹底できないのは、数値化・データ化されていないことが要因だ。現実が認識できず（分析が遅く）効果的な改善がされないのだ。**ＩＴを使い数値化・

図15　自然増減現象の原因

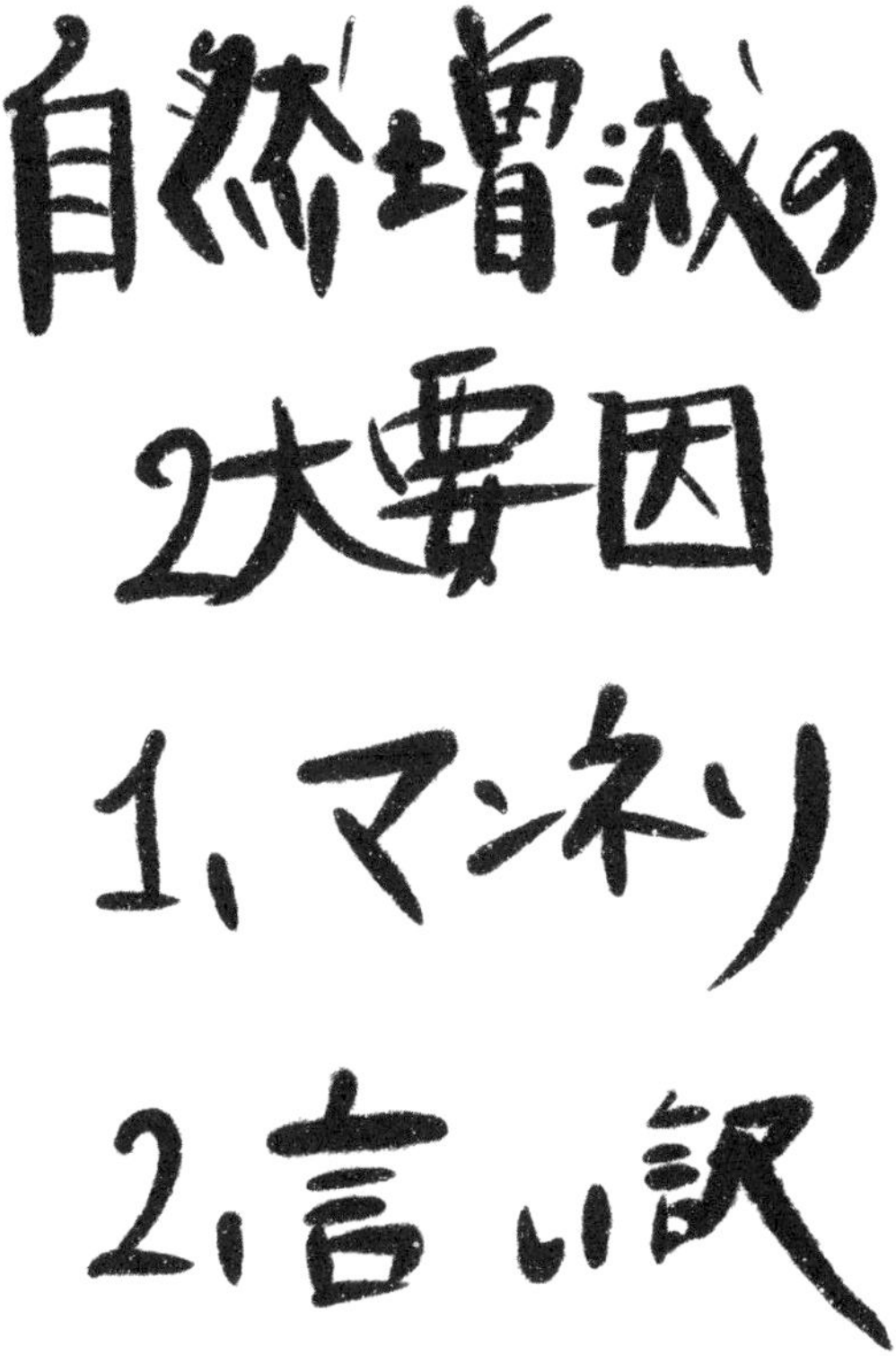

データ化をして、この自然増減現象に打ち勝つＤＸ経営を目指し実践すべきだ。データ分析と聞くと、冷たい印象を持つかもしれないが、ビジョン実現への情熱やお客様や会社メンバーへの感謝や愛がデータ分析を徹底する原動力になる。ＩＴによる数値化・データ化は、全員にとって絶対にいいことと信じて徹底しよう。

利益を残すには「標準化」と「平準化」

２０２０年現在においても、また今後においても、多くのお客様に喜んでいただけるのは、リーズナブルな住宅である。高価格帯の住宅を望むお客様もいると思うが、経済成長や地域の現状を考えると、アパート家賃と同等で安心して暮らせる生活をするには、リーズナブルな価格は必須である。

ただ、安ければどんな家でもいいのかと言えばそれも全くもって違う。しっかりとした品質で快適な暮らしを実現できる家で、しかもリーズナブルでなくてはならない。**高品質、そしてリーズナブル。これを前提に利益が残る仕組みを考えていく。**

利益が残る仕組みを考えるには、逆に**「どうやったら利益が残らないか」**を考えると**見えてくる**ものがある。

良質な材料をリーズナブルに提供するには、「**標準化**」が必要だ。あらかじめ使用する材料や設備を決めておくことで、仕入れの価格そのものを安くすることができる。もし標準仕様というものがなかったら、毎回違う材料を仕入れることになる。単品で注文するよりも、まとめて買ったほうが安くなるのはどの業界にも通じる原理原則だ。例外なく住宅にも同じことが言える。後述するが、具体的にどんな材料を標準化しているのかも事例で紹介するので参考にしてほしい。

また、もう一つ重要な要素がある。住宅をつくるコストの中で最も大きいのは人件費だ。つまり、大工業者や基礎業者などの「職人の手仕事」にかかるコストのことを指している。低コストを目指そうとすると、安い人件費で工事をお願いするように受け取られるかもしれないが、それは全く違うと断言したい。むしろ、**関わる職人の年収を上げる気持ちで取り組むべきことだ**。それこそが「**平準化**」だ。

１年間の中で工事が忙しい時期と、暇な時期を絶対につくってはならない。**年中通して、安定的に仕事ができるような平準化の仕組みが職人の年収を上げることになる。**

東日本大震災が起きた直後、人手が足りず職人が引っ張りだこだった。1日当たりの人件費が高騰していた。自分が同じ立場でも、同じ仕事をした時の報酬が全く違うのであれば、高いほうが良い。全国から被災地にたくさんの職人が集まってきていた。

「一時的に稼げる」という目的で仕事をすることを否定するつもりはないが、地方工務店である以上、一時的に儲けても意味がない。長期的に継続するということを大前提に置いて考える必要がある。

わが社では**忙しい時期と暇な時期をつくらないように、徹底的に工事予定の管理をしている。**年中安定的な工事を目指している。東日本大震災が起きてから約2年かけて、必死の思いでつくり上げた平準化の仕組みを共有していく。1年で200棟の施工体制を構築し、その後も**年間200棟以上を安定的に建築**させてもらっている。最初からできていたわけではないので、地方工務店の皆さんとって参考になるものがあれば幸いである。

「標準化」にITをどう使うか

具体的な話に入っていく前に、「標準化」という言葉をもっとかみ砕き、本質的な共通理解をつくりたい。住宅トップコンサルタントの長井克之氏に「標準化というのはどういう意味だ？」と質問を受けた時に、僕はハッとしながらとっさに次のように答えた。

「…誰がつくっても同じ品質のものが…できることです」

長井氏は僕の回答に対し、次のようにアドバイスをくれた。腹に落ちすぎて思わず笑ってしまった。

「確かにな。ただな、１つ抜けてるぞ。おまえの回答には、但し書きがついてなくてはならない。『**現時点における一番いい方法で**』だ。『現時点における一番いい方法』ということは、来年同じことやっていたら、馬鹿野郎だぞ。バージョンを変えて、レベルを上げていかないといけないよ。それが標準化だぞ。画一化とは全然意味が違うんだぞ。お前ならできる。頑張れ！」

図16　標準化の意味

標準化とは
マニュアルを
作ることでは
ない!!

標準化とはマニュアルをつくり、画一的に誰でもできるようにすることではない。その時点における最も良い方法を誰でもできるようにすることなのだ。**毎年変わらないマニュアルは、標準化とは呼ばない。「もっといい方法はないだろうか」と追求することが標準化だ。**この標準化の意味を理解したことは、今後の経営人生の財産となるだろう。

標準化を実践していくためには、常に進化しバージョンを最新にしていく行動を伴う。それには、ＩＴが絶対に必要になる。バージョンを**更新する時**に活用し、標準化された最もいい仕事を組織に**定着させる時**にもＩＴ活用で徹底的なプロセス管理をする。**標準化とＩＴは表裏一体。表が標準化であれば、裏はＩＴによるプロセス管理だ。**ＩＴなくして標準化は成功しないと心得よう。

全ての住宅を「標準化」し建築コストの無駄をなくす

■仕様の標準化

あらかじめ使用する材料を決めておくために、**「標準仕様書」を作成する。**基礎、断熱、屋根、構造、窓、住宅設備に至るまで、住宅商品ごとに標準仕様を決めている。高品質でありながら、住宅価格をリーズナブルに提供することを目的としている。標準仕様を決めているからと言って、お客様の「もっとこうしたい」「こんな材料を使いたい」に対応しないなんてことはない。むしろ積極的に対応すべきだ。住宅予算を上げたくないが、**自分のこだわりを実現させたいというのがお客様の本心だ**と理解している。

標準仕様書を作成するメリットは3つある。1つ目は、各住宅資材メーカーとの交渉を進めるため。今現在の標準仕様を明確に示せるものがなければ、交渉は絵に描いた餅になる。2つ目に、社内試験への活用だ。入社したばかりの新入社員にとって、標準仕様書があることでしっかりとした商品知識を身に付けることができる。わが社では穴埋め問題をつくり、追試ありの試験を実施している。そして、3つ目がお客様へお渡しする詳細資料の役割だ。住宅購入を考えはじめたばかりの方にとって、できるだけわかりやすくまとめる必要がある。参考にわが社の「**標準仕様書**」を紹介しておく（96・98ページの図18）。

文字だけだとお客様にとってわかりづらいので、これを視覚的に見やすくした「商品仕様プレゼン」というものとセットで活用している。標準仕様書は文字をベースにまとめた資料に対して商品仕様プレゼンは写真をベースにまとめた資料になる（次ページの図17）。

図17　商品仕様プレゼン

図18－1　標準仕様書(1枚目)

■外部仕様

項目		仕様
外壁	仕上	窯業系サイディング 厚16mm 金具留施工（KMEW：光セラ）
		窯業系サイディング 厚16mm 金具留施工（ニチハ：Fuge/モエンエクセラード）
		窯業系サイディング 厚16mm 金具留施工（旭ﾄｽﾃﾑ：AT WALL PLUS ）
	防水・通気	透湿防水シート/外壁通気工法　通気層17mm～20mm
屋根	形状・勾配	形状：片流れ　　勾配:2/10　　軒出:600mm（その他：450mm）
	仕上	カラーガルバリウム鋼板　縦平葺き　0.4mm
	防水	ゴム改質アスファルトルーフィング
軒天		パルプ繊維混入セメント板 厚12mm 塗装品(ﾆﾁﾊ)
		軒先:鋼製小屋裏換気用軒天換気材 防火タイプ（JOTO）
雨樋		パナソニック ファインスケアNF-Ⅰ型　　竪樋:S30
破風		ｶﾗｰｶﾞﾙﾊﾞﾘｳﾑ鋼板巻き　0.35mm
バルコニー	床	FRP防水
	笠木・手摺	アルミ笠木＋バー手すり１段+横格子２段
玄関ポーチ	床	磁器タイル 300mm×300mm
	天井	パルプ繊維混入セメント板 厚12mm 塗装品(ﾆﾁﾊ)
基礎巾木		弾性無機系ｺﾝｸﾘｰﾄ保護材　キソッシュONE

■外部建具

項目		仕様
玄関ドア		LIXIL：アルミ樹脂複合断熱玄関ドア：《グランデル》 親子扉 K1.5仕様
勝手口	床	JOTO：ハウスステップ　樹脂製　収納庫付き
	庇	LIXIL：アルミ製（キャピア）
	勝手口ドア	LIXIL：樹脂サッシ《エルスターX》
サッシ		LIXIL：樹脂サッシ《エルスターX》
ガラス		ダブルLow-E トリプルガラス《クリプトンガス入り》
網戸		全開閉可能な窓に設置

ｸﾛｰｾﾞｯﾄ	キッチン	和室	床の間	押入れ	洗面脱衣室	トイレ
ｺア12mm		薄畳	地板	化粧合板	サニタリーフロア	
スムSフロア3P ｼﾘｰｽﾞ》：MSX／MRX　3P					朝日ｳｯﾄﾞﾃｯｸ/ｱﾈｯｸｽｻﾆﾀﾘｰ	
	ビニールクロス（量産タイプ） 厚12.5mm不燃防水PB下地	ビニールクロス（量産タイプ） 厚12.5mmPB下地			ビニールクロス（量産タイプ） 厚12.5mm防水PB下地	
ﾛス（量産タイプ）						
					厚9.5mm防水PB下地	
		畳寄せ	雑巾摺り	畳寄せ	LIXIL：ｸｯｼｮﾝ巾木	
		廻り縁選択可	設定なし	設定なし	設定なし	

1

極ZEHの家　標準仕様書

■構造仕様

項目		仕様		
基礎	基礎	鉄筋コンクリート造べた基礎　基礎立ち上がり幅:150mm（外周180mm）　耐圧盤厚:150mm		
	配筋	立ち上がり部:D10@200　耐圧盤：D13@200		
	防湿施工	防水シート（ポリエチレンフィルム）t=0.15mm		
	換気	基礎パッキング工法（玄関框周囲・ユニットバス周囲気密パッキン）		
床組	土台	105mm×105mm	：加圧注入材（構造用集成材）	金物工法
	大引	105mm×105mm	：加圧注入材（構造用集成材）	〃
柱	通し柱	120mm×120mm	：構造用集成材	金物工法
	隅柱	120mm×120mm	：構造用集成材	〃
	管柱	105mm×105mm	：ホワイトウッド（構造用集成材）	〃
梁	1F 桁	105mm×240mm～360mm	：構造用集成材	金物工法
	1F 梁	105mm×105mm～360mm	：構造用集成材	〃
	2F 桁	105mm×180mm～240mm	：構造用集成材	〃
	2F 梁	105mm×105mm～240mm	：構造用集成材	〃
小屋組	母屋	105mm×105mm	：構造用集成材	金物工法
	棟木	105mm×105mm	：構造用集成材	〃
	隅木・谷木	105mm×105mm	：構造用集成材	〃
	小屋束	105mm×105mm	：構造用集成材	〃
合板・面材	床	28mm	：構造用合板	
	屋根	12mm	：構造用合板	
	壁	構造用耐力面材：大建　ダイライトMS　9mm		
制震装置		油圧式制振ダンパー　evoltz（L220/S042）		

※浴室まわり・外周の土台・大引、柱・間柱・筋違の地盤面より1m範囲は防腐（K3相当）・防蟻処理

■断熱材

項目		仕様
小屋		ウレタン吹付け断熱　厚160mm（熱抵抗値 4.66㎡・K/W）
1階天井		設定なし
壁		ダブル断熱　（外張り45mm＋充填断熱45mm）：ネオマゼウス 合計 厚90mm（熱抵抗値 5㎡・K/W）
床	外気に接する部分	ウレタン吹付け断熱　厚160mm（熱抵抗値4.66㎡・K/W）
	その他の部分	フェノールフォーム保温板　ネオマフォーム　厚95mm（熱抵抗値 4.75㎡・K/W）

■内部仕様

部位	ポーチ	玄関	階段室	ホール	LD	洋室
床	300角　磁器タイル貼		プレカット階段 永大産業《 スキスムS階段 》 朝日ウッドテック《 ライブナチュラル 》	カラーフロ 永大産業：スキス 朝日ウッドテック《ナチュラルシ		
壁	ビニールクロス 厚12.5mmPB下地					
天井	ビニールク 厚9.5mmPB下地					
造作材	LIXIL：クッション巾木					
廻り縁	設定なし					

図18－2　標準仕様書(2枚目)

■電気設備仕様

	室名	照明器具	電灯配線	コンセント	スイッチ	その他
1階	ポーチ	ブラケット×1	1		1	
	玄関	シーリングライト×1	1		1	
	ホール・廊下	シーリングライト×2 ※1	2 ※1	2口×1	2	3路スイッチ2ヶ所
	階段	ブラケットライト×1	1		2	3路スイッチ2ヶ所
	和室	シーリングライト×1	1	2口×2	1	
	LDK	シーリングライト×1	3	2口×3	3	電話配管、テレビ配管、TVドアホン
		ペンダントライト×1		アース付2口×2		3路スイッチ2ヶ所
		(ベースライト×1) ※2				
	勝手口	防水ブラケット×1	1		1	
	浴室	システムバス付属	1		1	
	洗面所	シーリングライト×1	1	2口×1（洗面台） アース付2口×1	1	
	トイレ	シーリングライト×1	1	アース付2口×1	1	
2階	ホール・廊下	シーリングライト×2 ※1	2	2口×1	2	3路スイッチ2ヶ所
	(トイレ)	シーリングライト×1	1	アース付2口×1	1	
	洋室	シーリングライト×1	1	2口×2	1	
	書斎	シーリングライト×1	1	2口×1	1	
	WIC	シーリングライト×1	1		1	
	納戸	シーリングライト×1	1	2口×1	1	
屋外		防水コンセント		2口×1		
		EV用コンセント		1口×1		
インターホン		アイホン：録画機能付テレビドアホン				
火災報知機		各居室用：煙感知器(電池式)　キッチン用：熱感知器(電池式)				
その他		分電盤（16回路）、幹線引込工事、エアコン配線2ヶ所、テレビ配線2ヶ所				
太陽光発電		メーカー	品名	容量		
		Qセルズ	単結晶Q. ANTUM	計算により必要数算出		
HEMS/分電盤		パナソニック HEMS/AiSEG2(7型ﾓﾆﾀｰ機能付き)　分電盤/「スマートコスモ」				
エアコン		高性能エアコン1台　リビング　5.6kw程度				
その他設備		因幡電機産業：情報分電盤（各階：Wi-Fiﾎﾟｲﾝﾄ・各居室TV・LAN配線）				

※1 プランによっては照明器具及びコンセントが×1になります。
※2 対面キッチン仕様の場合のみになります。

■含まれるもの

・屋内給排水工事、仮設工事（電気、水道、トイレ）、カーテン工事、建築確認申請料、消費税

■仕様外工事

・上下水道本管工事、浄化槽工事、屋外ガス工事、地盤改良工事
・エアコン工事（ﾘﾋﾞﾝｸﾞ1台除く）、アンテナ工事
・敷地状況や進入道路状況による、特別運搬費、荷揚費、ポンプアップ費、資材置場費、駐車場費等の仮設費
・その他本仕様書に記載されていないもの

※注意事項
・建築場所（準防火地域等）・地域（寒冷地等）によっては行政指導により仕様書通り建築できない場合があります。
・プランにより設定されていない場合があります。
・品質向上、改善のために予告なく変更することもあります。あらかじめご了承ください。

HOME

作成	2010年4月
改訂	2018年4月9日

極ZEHの家　標準仕様書

■内部造作等仕上げ

項目		仕様			
建具	リビングドア	永大産業	スキスムS	TS/TD/YSデザイン　（ガラス入り）	H=2,000mm
	主寝室ドア			FF/TK/YFデザイン	
	洋室ドア			FF/TK/YFデザイン	
	洗面室ドア			FF/TK/YFデザイン　（表示錠）	
	トイレドア			FF/TK/YFデザイン　（表示錠）	
	クローゼット			収納折戸、両開き戸	
	収納･押入れ			収納折戸、両開き戸	
	浴室	アルミ開き戸			
玄関収納		W800mm二の字型／W800mmﾄｰﾙﾐﾗｰ付き／W1200mmコの字型ﾐﾗｰ付き			
天井高	1階	2,400mm　（プランによってはキッチン2,360mm）			
	2階	2,350mm　（換気設備吸排気部分 一部下がり天井有）			

■設備機器仕様

項目		仕様		
システムキッチン	品名	クリナップ《ステディア》	タカラスタンダード《オフェリア》	LIXIL《リシェルSI》
	キッチン本体	I型2550	I型2550	I型2550
	カウンター	人工大理石	人造大理石	人造大理石
	加熱機器	IHクッキングヒーター	IHクッキングヒーター	IHクッキングヒーター
	レンジフード	同時給排タイプ	同時給排タイプ	同時給排タイプ
	詳細仕様	あいホーム『極みZEH家』標準仕様	あいホーム『極みZEH家』標準仕様	あいホーム『極みZEH家』標準仕様
システムバス	品名	TOTO《サザナ》	パナソニック《オフローラ》	LIXIL《アライズ》
	バスルーム本体	1616（1坪）	1616（1坪）	1616（1坪）あたたかﾊﾟｯｸ
	換気	換気乾燥暖房機(三乾王)	暖房換気乾燥機※ﾜｲﾔﾚｽﾘﾓｺﾝ付	換気乾燥暖房機
	詳細仕様	あいホーム『極みZEH家』標準仕様	あいホーム『極みZEH家』標準仕様	あいホーム『極みZEH家』標準仕様
洗面化粧台	品名	TOTO《オクターブ》	パナソニック《シーライン》	LIXIL《 MV 》
	サイズ	750mm　3面鏡	750mm/900mm　3面鏡	750mm　3面鏡
	詳細仕様	あいホーム『極みZEH家』標準仕様	あいホーム『極みZEH家』標準仕様	あいホーム『極みZEH家』標準仕様
トイレ設備	品名(1階)	TOTO《ZJ2シリーズ》	LIXIL《ベーシア》	
	1階	ウォッシュレット一体型便器	ベーシアシャワートイレ	
	品名(2階)	TOTO《CS340》	LIXIL《ベーシア》	
	2階	便座一体型ウォッシュレット	ベーシア便器	
	詳細仕様	あいホーム『極みZEH家』標準仕様	あいホーム『極みZEH家』標準仕様	
給水給湯設備	給水	（キッチン・洗面・浴室・洗濯・トイレ・足洗い）		
	給湯	（キッチン・洗面・浴室）		
給湯設備機器	給湯器	ガス：ハイブリット給湯器　※ノーリツ　エコキュート：プレミアムエコキュート　370ℓ フルオート　※コロナ		
換気設備	全館換気	全熱交換型第一種換気システム　IAQ制御搭載　※パナソニック		
	局所換気	キッチン・ユニットバス・トイレ・洗面所		
サニタリー設備		洗濯機用水栓金具、タオル掛、洗濯機パン800×640		
床下収納庫		高気密・高断熱用床下収納庫（JOTO）600×600　洗面脱衣室、キッチンに設置		
天井点検口		天井点検口　（JOTO） 最上階部分、ﾊﾟｲﾌﾟｽﾍﾟｰｽ付近に設置（下屋がある場合は下屋部分にも設置）		

お客様には商品仕様プレゼンで色などを選んでいただき、コーディネーターがお客様の要望を整理し、発注部門へと情報伝達する。追加・変更工事も対応可能だ。標準仕様ではないものへ変更し、自分がこだわりたいところにだけ追加で費用を払うのは、お客様にとって満足できていいことだ。そのまま住んでいただいてもいいような、厳選した材料や設備を標準仕様にしていく努力はしつつも、お客様からのご要望に柔軟に対応をする姿勢も忘れてはならない。

■施工マニュアルの標準化

次に「**施工マニュアル図**」を紹介しよう。あらゆる部分について、工事の施工説明書となる「施工マニュアル図」をつくり、担当する職人さんが自分の技術を発揮しやすいようにしっかり準備しておく（図19）。

工事後に、「ウチの会社の施工マニュアルと違うからつくり直してください」と言われるのは、職人さんにとって精神的なストレスだ。そして、何よりコストがかかる。こういう一つひとつを地道に積み上げていくことで、低価格で建築しても利益が会社に残る仕組みができ上がるのだ。

図19　施工マニュアル図

1）土台墨出し

・基礎天端に、土台の墨を出します（基準ポイントは
あいホームにて出す）
・土台墨の矩が、建物全ての矩に影響するため
正確に墨を出してください。

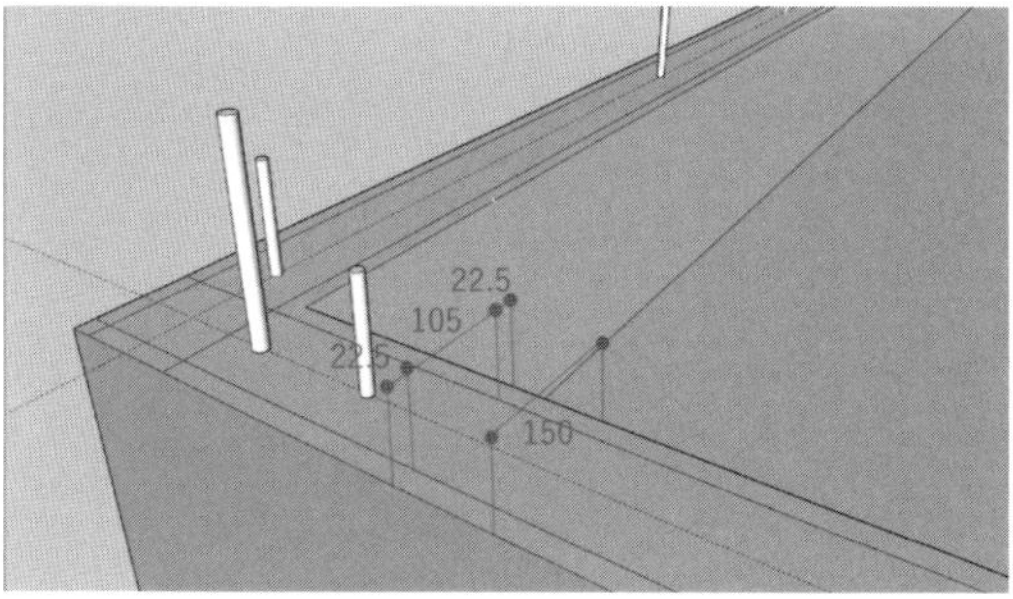

2）土台の座掘り

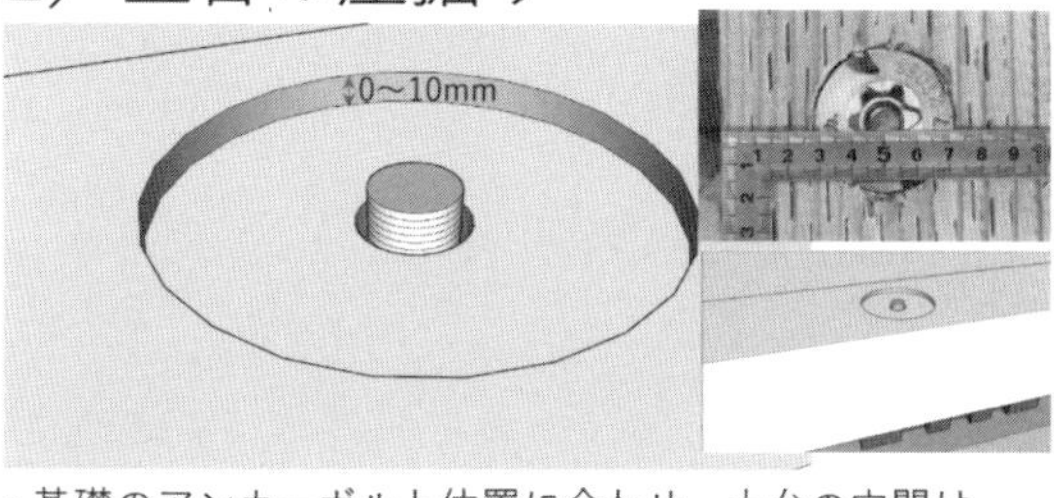

・基礎のアンカーボルト位置に合わせ、土台の穴開け、
座掘りをします。
・座掘り深さは、**0mm〜10mm**とします。
※アンカーの長さによりやむを得ない場合は30㎜まで認めることと
・必要以上の座掘りは、土台の強度低下となります。
・基礎施工時のアンカーボルト出寸法を必ず守ってください。

ITで工事の「平準化」を実現し大工の〝あそび〟をなくす

利益が会社に残る仕組みのもう一つが**工事の「平準化」。1年中、工事が安定的に行われている状態をわが社では目指している。**

年末や年度末だけがものすごく忙しくて、1月や2月が暇という状態をできるだけ回避する。そうすることによって、コスト削減にもなるし、何より職人さんが1年を通して持てる技術を発揮でき、職人の収入アップにもつながる。

ではどのように平準化を実現しているのか？

ここでITの力を活用している。具体的にわが社の取り組みを紹介しよう。

お客様からご契約をいただくと、「着工希望月」を決める。例えば、4月に契約をして「着工希望月」を8月と決めたとしよう。

5月から7月は何をするのかというと、着工前の準備だ。わが社では着工前の準備に以下のことを行っている。**①仕様決め（住宅の詳細の打ち合わせ）、②構造検討、③発注内容の整理、④地鎮祭、⑤地盤調査**などだ。お客様の仕事休みを利用して進めるので、3ヶ月といってもあっという間だ。

この場合、もう5月の時点で「**着工促進会議**」という未来の工事についての社内会議を行う。工事の平準化を目指す上では最も大事な会議だ。本社と支店をテレビ会議でつなぎ、８月に着工する現場の詳細を本社側で把握し、工事着手前に何をすべきかを明らかにする。

建築をする場所が違えば、工事前の準備も違ってくる。それを、工事経験の豊富な部長が全現場をチェックし、そこから着工前準備に入っていく。そうすることで**経験の浅い現場監督をカバーする**ことができる。

こうすることで、８月の段階になった時に「着工時期が少し延びてしまいました」という着工遅延が起きづらくなる。

着工遅延は関わる人によって意識が全く違う。簡単に「遅れる」という人もいるかもしれないが、工事工程を組んでいる側のメンバーからすれば、**職人を１日でも空かせてはならないという強い気持ちで工程を組んでくれている。職人の仕事を安定させるには、この気持ちが大切だ。**

広告宣伝費をかけずに広告する

■建築現場が広告塔になる

建築現場が一番の広告塔であるべきだ。２０１９年、魅せる現場コンテスト（住宅産業塾主催）で最優秀賞をいただいたが、まだまだ追求し続ける覚悟だ。その覚悟を表現したのが『宮城県で一番キレイな現場を目指しています』という現場シートだ（図20）。「現場キレイ」を追求して、損をしたり、困る人は１人もいない！

わが社では次のようなスローガンを現場で徹底的に意識している。

・地域のみなさまへのご迷惑を最小限にする
・住宅品質を向上させる、住宅建築のムダをなくす
・いつでもお客様が見学することができる
・工事期間を短縮する
・安全な工事を実現する

図20　広告塔にもなる現場シート

毎月現場パトロールを実施し、年に１回は全業者を集めて反省会や翌年の方針を発表するイベントも開催している。建築工事は近隣の方に多大なる迷惑をかける。それを十分に認識して最大限の配慮をする。

建築現場を広告塔にするという考え方は、何も珍しいものではないが、「どれだけ実行できるか」が効果を決める。

プラスの広告となるのか、それともマイナス広告となるのかは、実行力で決まる。地方工務店ならではの、独自の現場広告を模索すべきだ。

現場については次に紹介する企業や参

加企業から徹底的に学ばせていただいた。これからも切磋琢磨しながら、入魂の現場を磨いていく。

■お世話になった現場改革の指導者

〈**一般社団法人日本中小建設業ＣＳ経営支援機構**（https://kengiken.com/）〉

２０１１年東日本大震災の直後、施工能力を１００棟から２００棟体制を構築する際に、代表理事の本多民治氏には大変お世話になった。施工棟数を増やせば品質管理が疎かになることも想定されるかもしれないが、ここで品質管理から逃げたら将来大変なことになると覚悟を決め、品質向上や現場のお客様対応（ＣＳ）にも積極的に取り組んだ。住宅の雨漏れ、結露対策、現場の安全面など総合的にご指導いただき、改革を進めた。『良い家は現場を見ればわかる！』（文芸社、２０１６年）には、全国の優良工務店の努力が集約されており、現場指導の中で重要なことが網羅されている。

〈**住宅産業塾**（https://www.jyutakujuku.com/）〉

住宅トップコンサルタントの長井克之氏が代表理事を務める工務店指導をしている塾。

図21　「魅せる現場コンテスト」の最優秀賞を受賞

工務店経営の本質的なご指導には、時代を超えて通用する考え方が詰まっている。

塾主催の「魅せる現場コンテスト」（図21）への挑戦をきっかけに、わが社の「宮城県で一番キレイな現場を目指しています」というコンセプトが生まれた。

同年代の2代目工務店経営者とも切磋琢磨できることや、オンラインによる工務店指導も実践されているため、現在もお世話になっている。

■SNSでスマホの中へ

工務店の利益がどこに流れるのかを考えた時に、無駄に広告宣伝費をかけていることを強く感じる。新聞を購読している人がほとんどいないのに、新聞折込などをしてチラシ制作代や印刷代、折込代に利益が消えていく。

第1章でも述べたが、これから住宅を購入するお客様は、新聞ではなくスマホだ。新聞折込はほとんど見ない。**スマホにあなたのホームページやSNSなどを表示させなければ、知ってもらうことができない。**やったことのないことをやるのは誰だって難しいと思うが、まずコストをかけずにできることを諦めず継続することだ。

わが社ではSNSを徹底的に活用している。SNSというのはソーシャル・ネットワーキング・サービスの略で、具体的に言えばFacebook（フェイスブック）、Instagram（インスタグラム）などのことをいう。わが社ではInstagramに投稿した内容が自動的にFacebookに連動して投稿されるように運用している。

今現時点でFacebookやInstagramを自分のスマホにアプリとして入れてない方は今この瞬間にダウンロードしてほしい。そして、Instagramでいくつかの会社を見て少しでも真似できそうであればすぐ真似る。他の工務店がどうやっているのかを見ることができるので、すぐにお手本を探せる。僕が参考にしたSNS活用に長けた工務店を2社紹介しよう。

・**トミオ**（https://www.instagram.com/tomio_official/channel/）

フォロワー10万人（２０２０年12月現在）。圧倒的なフォロワー数で、地域と顧客に密着した大規模なマルシェ（市場）を開催している。写真だけではなく、IGTV（Instagram の動画アプリ）で動画の発信も継続的にしている。

・**STYLE HOUSE**（https://www.instagram.com/stylehouse_taniue/）

フォロワー2・9万人（２０２０年12月現在）。投稿数は２０００を超え、この投稿数を見ただけで本気で発信していることがわかる。

■究極はホームページ

建築現場、ＳＮＳ、最後に取り上げたいのは「ホームページ」（Home Page）だ。

ホームページへの意識を確認する上で、１つ質問したい。

「自社のホームページを毎日見ていますか？」

ここで気づいてもらいたいのが「**自社のホームページは制作会社に任せっぱなしになっていないだろうか？**」ということだ。僕の場合は、次のことを日課にしている。

- 毎日、自社のホームページを確認する（スマホで！）
- 毎月、自社のホームページのどのページをどれぐらい見られたかを確認する
- 自社ホームページの改善を毎日、担当者や外部パートナーに相談する

このようなアクションを毎日している。何度も言うようだが、お客様はスマホであなたのホームページを見る。その時に価値を感じなければ、一瞬で立ち去ってしまうのだ。ホームページを見て、自分には価値がないとページを離れることを「離脱」というが、知らない間にあなたの会社に興味を持ったお客様を、スマホの小さな画面で失っているのだ。しかも、**勝負は3秒で決まる。**

自分が知らない間にスマホ上でお客様がどんどんいなくなっていることに気づいてほしい。明日は我が身。わが社も同じことが言える。**今、お客様はどんな情報を見たいと思っ**

図22　スマホによるホームページ読込スピードをＵＰ

〈リニューアル前のホームページ〉

〈リニューアル後のホームページ〉

この数字はお客様の体験を数値化しており、数字が大きいほど良い。ページスピードが遅いのはお客様を待たせることなので、「ラーメンを頼んでどのくらいの速さで出てくるか」をイメージするとわかりやすい。点数が高いとGoogleの評価が上がり、検索で上位に表示されやすくなる。

総合展示場に出店しない逆転発想

ているのか、真剣に向き合って自社のホームページを磨いていく。

また、スマホユーザーがメインのお客様だということを考えると、**スマホでホームページを見る際に「読込に時間がかかっていないか」も確認する**ことをオススメする。わが社は、２０２０年11月にホームページをスマホユーザーのためにリニューアルした。リニューアル後は、スマホの読込スピードが劇的に変わった（図22）。

Google PageSpeed Insightsという無料のスマホスピード解析サービスがあるので、現在のサイトをすぐに確認して、わが社の数字と比べてほしい。スピードＵＰを実現する方法については、専門的な内容となるためここでは詳しくは書かないが、今の状態がスマホユーザーにとって良いのかどうかを確かめることだけはしてほしい。

さらなるスピードアップまで挑戦される方は、巻末のメールアドレスまで気軽に連絡をいただきたい。一緒に切磋琢磨できる仲間を心から歓迎している。

住宅を建てようとするお客様が、まず総合展示場に足を運ぶことはわかっているが、わが社では総合展示場への出店は一切していない。

なぜか。総合展示場に出店すると、出店をするための**初期コスト**がかかり、出店しているというだけで**毎月固定費**がかかる。**このコストをお客様に還元する**という意思で、総合展示場への出店は控えさせてもらっている。

総合展示場の目的は集客だ。一度にたくさんのハウスメーカーのモデルハウスが見学できるため、お客様にとって足を運ぶ価値がある。宮城県においては、テレビ局や新聞社が運営している展示場がほとんどで、その中身を見てみるとテレビCMをよくする高価格なハウスメーカーが大部分を占めている。

地方工務店がリーズナブルな住宅をお客様に届けるという趣旨で考えると、出店する意味はあまりないように感じる。

自力でお客様に来場していただけるように、地道な努力の継続をしていくべきだ。

わが社では、一度のご来場で複数の建物を見比べていただくように、展示場には2〜3棟のモデルハウスを建築している。現実の暮らしをイメージできる建物だ。実物を見てイメージを膨らませ家づくりをすると、より良い暮らしを実現できる。

ベンチマーキングの実践が長期成長のカギ

お客様にとっても、工務店にとっても価値のあることは、**ベンチマーキングの実践**だ。ベンチマーキングとは、同業他社や他業種の優れた方法を分析し、その長所を自社に取り入れることだ。これを簡単な言い方にすると、「**真似をする**」（以下、マネる）になる。

スポーツを例にとるとわかりやすい。ラグビー、野球、サッカーなど、あらゆるスポーツにおいて一流の選手をマネるのは当たり前のこと。一流の選手が普段行っている当たり前の行動を自分に取り込むことによって、自分のパフォーマンスも上がっていく。例えば自分が課題としている弱点については、得意な選手がいれば、徹底的に分析するだろう。分析し自分に取り入れ（マネて）、そこで初めてオリジナルの方法が生み出される。身体能力や体の大きさが違うので、全く同じ方法を取り入れることは難しいかも知れないが、**プロセスとしては「分析→マネる」になる。ベンチマーキングとはそういうことだ。**

工務店に当てはめると、全国の工務店に意識を向け、**秀でた取り組みや自社にない技術、ノウハウなどがあれば積極的に勉強し、マネる。これこそが本当の努力だ**と考える。ノウハウをいただくだけではダメだ。実践し自分たちで磨き、そこで得た知見やノウハウをいただいた工務店に返すぐらいの気持ちでやらなくてはいけない。まさにこの本を書く理由の一つでもある。今までお世話になった方や勉強させてもらった方に何倍にも返したい気持ちで書いている。これからも、このベンチマーキングの実践は続けていく。

２０１９年、世界で最もイノベーティブな企業に選ばれたのは、中国の「美談点評」という企業だった。経営哲学はベンチマーキング。つまり、マネだ。「もう学ぶことはない」とおごりの状態に入ったら、衰退の始まり。同業他社だけでなく異業種にも目を向け、ベンチマーク先を探し、徹底的にベンチマーキングを実践していく。

自分への戒めのように書いておくが、ベンチマーク先を視察して「あーこういうことね」と頭でわかった気になって何もしないのは、ただの時間の無駄だ。このことを絶対に忘れないでほしい。ベンチマーク先の企業に**視察に行くことはベンチマーキングではない。ベンチマーキングというのは、実践のことを指す**。学び超えるために、視察に行くのだ。

僕自身も活用している「ベンチマーキングの実践チェックリスト」を共有させていただく。これを定期的にチェックし、次は「あの企業から学びたい」とアンテナをはり、ベンチマーキング実践を通じて、長期的な成長をお互いに実現したい（図23）。

図23　ベンチマーキング実践リスト

	定期的に自問自答すること	重要な指標
	顧客満足は向上しているか	大満足の数
	顧客の紹介は増えているか	紹介来場の数
	クレーム分析はしているか	発生数
	失注分析はしていているか	失注数と内容
	営業の生産性は向上しているか	初回面談数・商談数
	現場はきれいか	ゴミ数
	工期は厳守されてるか	厳守数
	残・手直し工事ゼロで引渡できているか	ゼロ物件数
	工期短縮に取り組んでいるか	平均工期日数
	工程別・工種別品質管理は徹底されているか	検査書提出率
	完成した図面と完全な仕様での引継ぎを徹底しているか	工事前提出数
	アフター点検の頻度と実施は大丈夫か	実施率

第4章

低コストで効果絶大のネット集客！
前代未聞のSNS採用！

地域・地方工務店だけが持つ〝強み〟を活かす！

僕は工務店が好きだ。住宅提供をする企業を分類すると大きく3つ。「大手ハウスメーカー」、建売専門企業の「パワービルダー」、そして「工務店」がある。わが社のように年間100棟以上の住宅建築をする会社を「地域ビルダー」と呼ぶこともあるが、僕自身は工務店の立ち位置がしっくりくる。

「小が大を制する」というストーリーが好きだ。小さい体で大きな体のチームに勝って2019年のラグビーワールドカップでベスト8を果たした「日本ラグビー」はまさにその最たるものだ。

「ハウスメーカー」や「パワービルダー」のような大企業と比べて、工務店は小規模であらゆる資源が少ない。その資源が少ないところに強みがあると考える。**最大の強みは、限定された資源と限定された地域。僕たち工務店は、大手メーカーと違って、小さなエリアに対して、持っている資源を集中的に注ぐことができる。**そして、少人数だとしても、長期的に時間をかけることができる。大手には絶対にできることではない。

大手（の社員）だと定期的に転勤があれば、その場所にいる時は頑張るかもしれないが、その**地域の50年後や１００年先まで考えて仕事をする**人は皆無だろう。限定された地域に密着し、顧客に密着し、本気で信用を構築することで、お客様が本当に求める住宅づくりが提供できると信じている。

本章前半では、地方工務店ならではのネット集客について書いていく。具体的なネット集客の数字として、２０１９年度は**年間４４４件の資料請求**をいただき、７店舗合計で**年間１１１５組の新規ご来場**をいただいた。そして、コロナ渦２０２０年度上期では、**対昨年比１３７％増３０１件の資料請求**をいただき、**対昨年比１１９％増６５０組の新規ご来場**をいただいた。**テレビＣＭ、チラシ折込、展示場イベント、総合展示場への出店は一切していない。自社ホームページを徹底的に活用している。**

ホームページは鮮度と精度が命！

10年前の入社1年目である２０１１年に、「ホームページから集客」を目的に設立された「**ホームページ委員会**」というものがあった。その名のごとく、「自社ホームページをより良くしよう」という社内チームで、当時は今と比べると10分の1ほどしか、お客様からの資料請求がなかったと記憶している。父である先代社長（現会長）は常に未来を見ていた。当時20代だった僕も含めて、新しい分野に若手を起用し、積極的に古い組織を変化させてきた。先代社長は、「**現状維持は、衰退**」「**強い者が生き残るのではなく、変化に対応した者が生き残る**」「**攻める**」「**ポジティブシンキング**」などと、忌み言葉（マイナスな言葉）を一言も使わず、使わせず、前向きな言葉を徹底して使う。

話をホームページに戻そう。言いたいことは、**会社の組織体制をホームページを強化できるような体制に変えるべき**だということ。今では月間1・5万セッションほどのホームページになり、社員ブログを読むために、何度もホームページを見ていただいているお客様もいる。

ホームページ委員会のコンセプトは、「**鮮度・精度・スピード**」だった。その中でも、この「鮮度」と「精度」というのは本当に重要な要素だ。1週間前の情報では古い。**毎日毎日進化している自社のことを発信し続ける努力は数字となって現れる。**この「鮮度と精度が大事」だけは、２０１１年から現在の２０２１年現在まで全く変わらない。

図24　ホームページで大事なこと

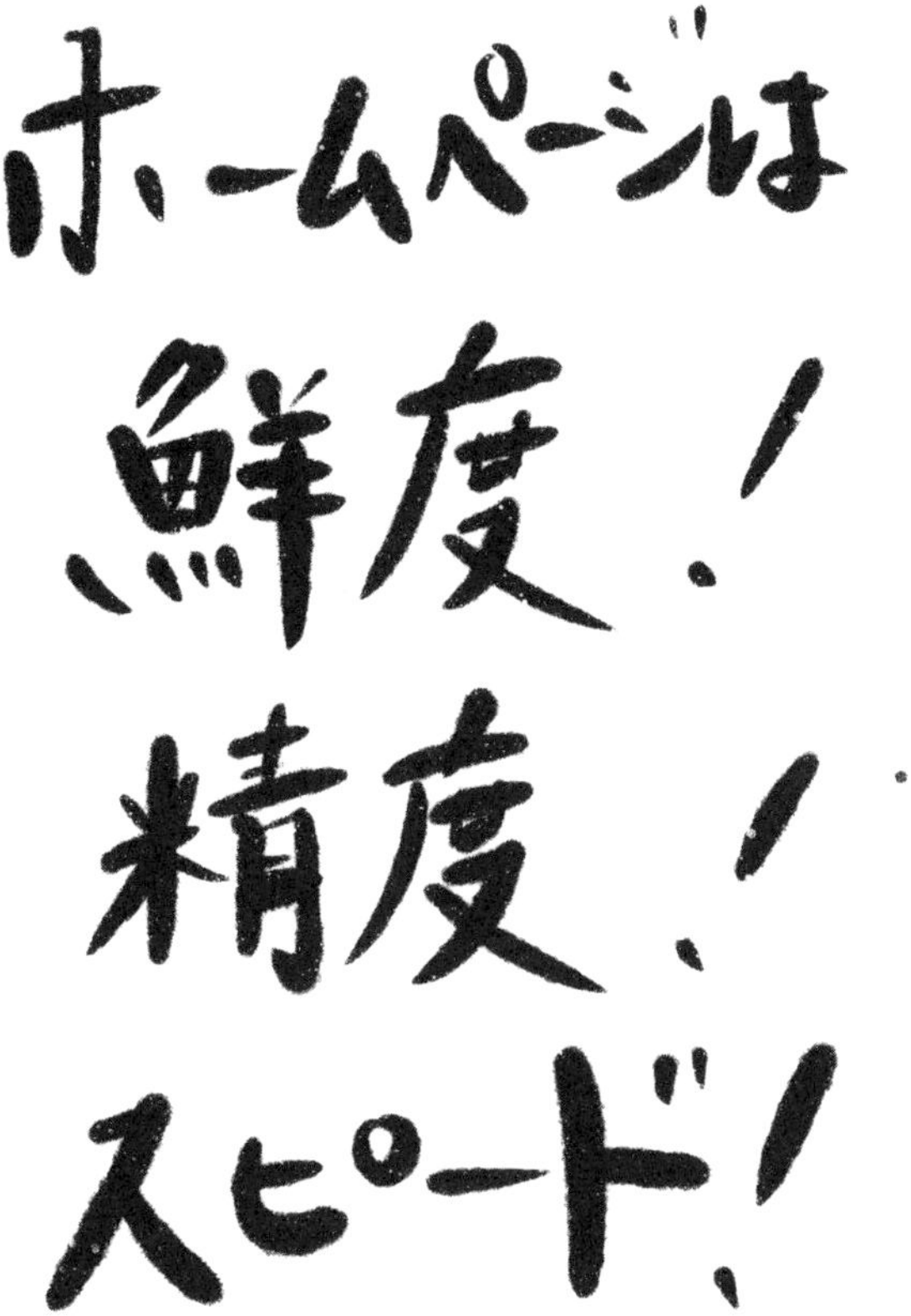

10年前と比べて、残業がほとんどなくなり、年間96日から120日へと休日を増やし、会社メンバーの働く環境は変わった。ところが、このホームページだけは24時間休まずに働いてくれている。

ホームページをつくっただけという工務店は、まず社内に「ホームページ委員会」を立ち上げ、4~5人のメンバーと一緒に、少しずつホームページの鮮度・精度を上げる取り組みをしてほしい。そして、どうせホームページに力を入れるのであれば、**「社員ブログ」も同時に挑戦してほしい。**地域密着、顧客密着を全員で実践できる最もいい広告活動だ。

社員全員がblogを書くと世界が変わる

お客様の関心があることの一つは、自分の家づくりに関わる「人」だ。**どんな人が自分の家づくりに関わるのかを理解できているほうが、コミュニケーションは円滑になる。**あなたの身近なケースで考えてみてほしい。お気に入りのお店には、応援したいと思うような「人」がいないだろうか？　そこまでいくと理想だ。

「顔の見える家づくり」をコンセプトに、10年前から社員blog（ブログ）を推奨し、今では社員全員がブログを書く。さらに、設計や工務、経理などの直接営業に関わらないメンバーまでもが、日々のちょっとしたことをブログで発信している。

文章がいいかどうかではなく、**「どんな人なのか？」というパーソナルな発信をすることが大切だ。**

僕自身もお客様から何度となく「ブログ見ました」と言われたし、自分のことをあまり話していないのに、自分のことを理解してくれていることにも驚いた。人間関係は自己開示から始まる。そのことを、ブログを継続する中で気づかされた。

僕は**10年かけて１０００回のブログを更新してきた**が、これだけは続けていく価値が大きい。今後もより一層力を入れていきたい。なぜ、わが社では社員ブログを更新する人が多いのか？　これにはいくつかの理由がある。

１つ目の理由は、**低いハードル**。ブログで家づくりに関することを書こうと思うとなかなか続かない。「何でも書いていい！」というハードルの低さが重要だ。本当に何でも書いていい。「これを書いてダメ」「こういう内容を書こう」というルールがあればあるほど、ブログ更新は減る。大事なことは自分のことを自分の文章や写真、動画で発信することだ。

図25　ブログの閲覧数を見える化

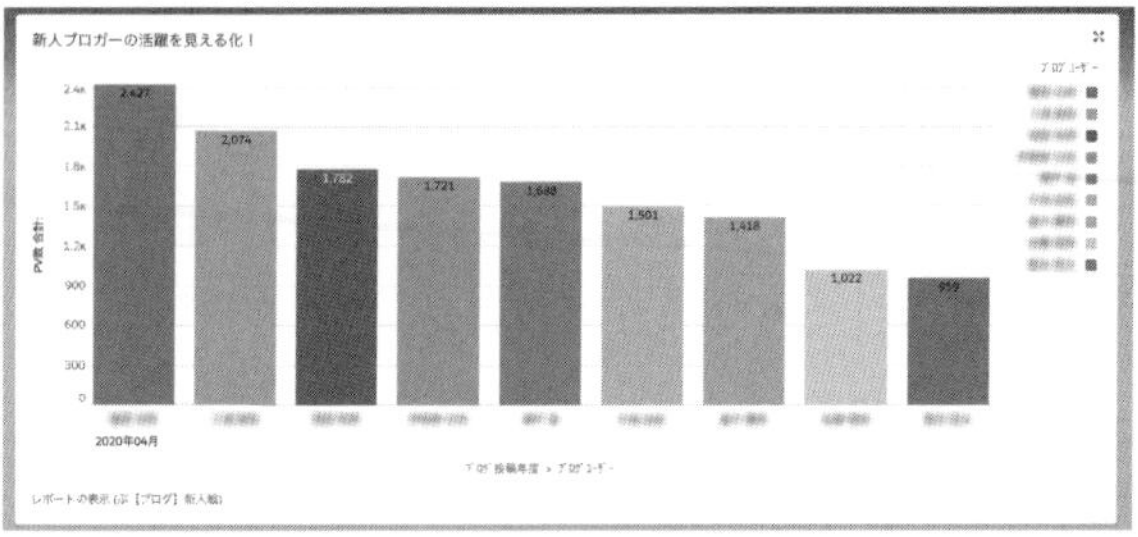

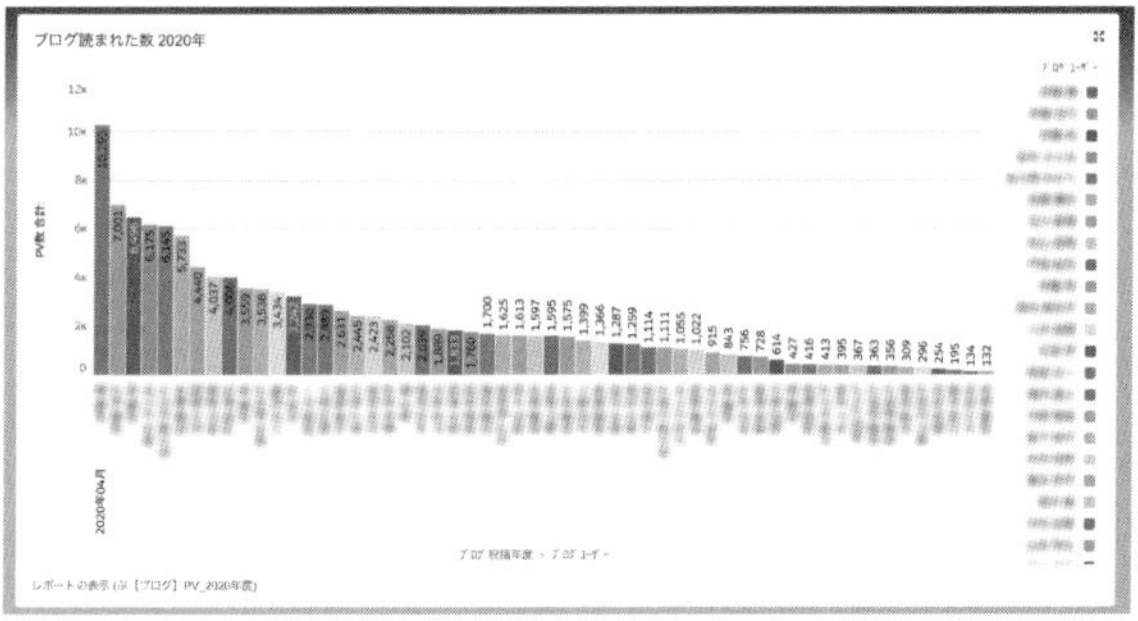

2つ目の理由は、**ゲーム感覚を取り入れた**こと。時々、ゲーム感覚で取り組めるようなブロググランプリを開催するといい。過去にも「ブログ甲子園」を夏の甲子園の時期に開催したことがある。

更新数を競うような取り組みをし、勝ったチームはご褒美が与えられる。僕自身もチームで優勝した経験があるが、みんなでした乾杯はいい思い出だ。

3つ目の理由は、**ブログ閲覧数の計測と見える化**。自分のブログが「どれぐらい見られているのか」を数字で見えるようにすることだ。「見てくれている」ということがまた書く原動力になる。わが社では、ＷＥＢサイトの分析ツールである**Google Analytics**で計測してグラフ化している。管理のための数値化ではなく、楽しむためのスコアと考えるほうがいいだろう（図25）。

２０２１年1月に行った「新春ブロググランプリ」で、社員全員がブログを書いた。実は、社員ブログが浸透しているわが社でも、全員がブログを書いてるわけではなかった。また、社員だけではなく、4月入社予定の新卒内定者までもが、「内定者ブログ」を書いた。初めて、「**全社員がブログを書く**」という状態を体験して、世界が変わった。ものすごい一体感！　ここまでの一体感を味わったことがない。内定者も含めた約80名のあいホームの**メンバーが1つになれば、絶対に「コロナに打ち勝てる」**と確信した。

これ以外にも数々のブログ更新を促進するイベントをやってきた。「**ブログこそ現代の営業活動**」だと認識し、社長自らも積極的に更新してきた。書かなくても誰からも怒られたりペナルティーがあったりするわけでもないが、書けば書くほどお客様に価値を提供することができる。それを信じてやっていくことだ。

「文章を書くのが好き」いう人が中心となり、みんなが「ブログをどうやったら書くか」

図26　社員blog継続の覚悟

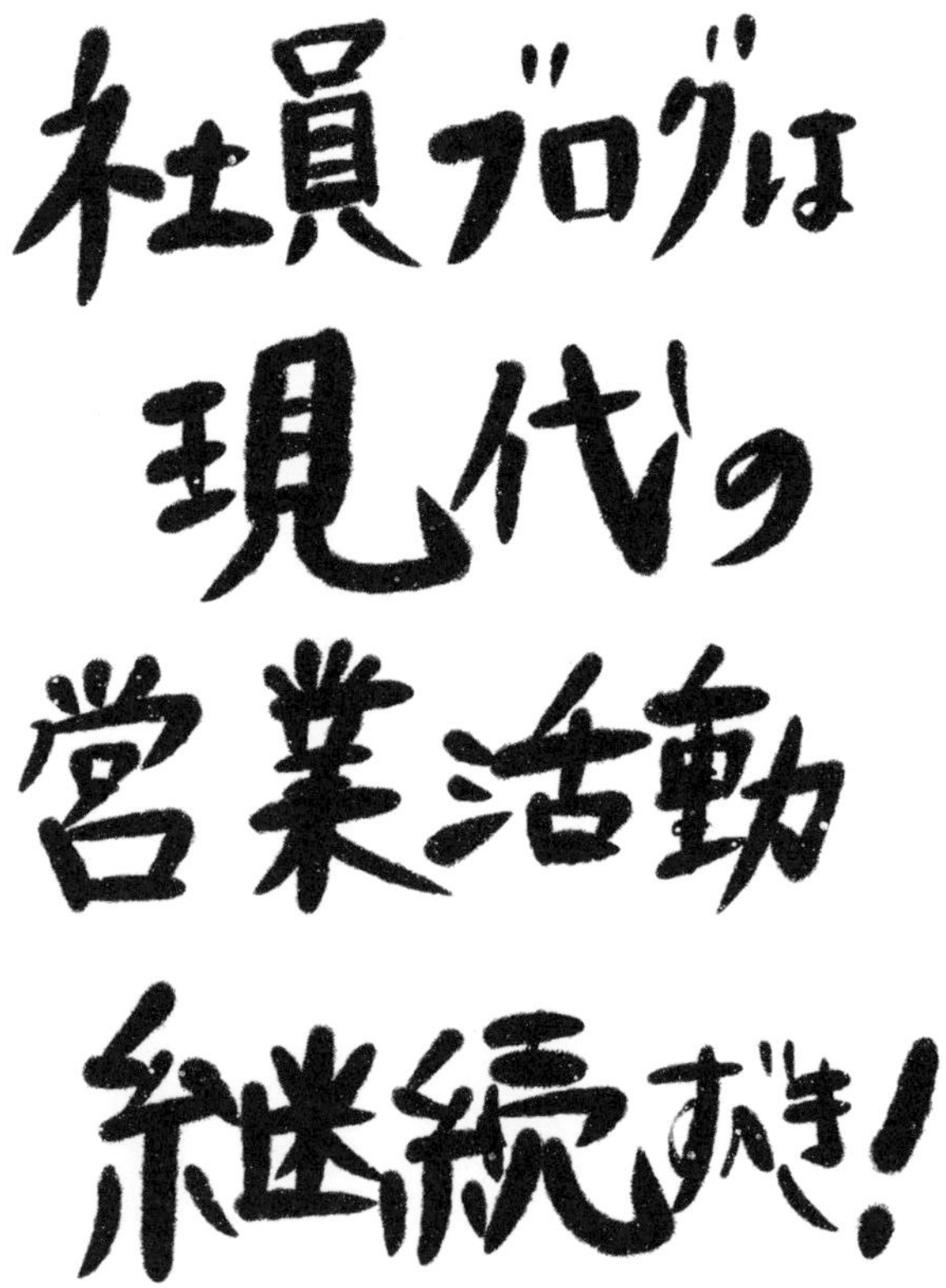

について考えながら、楽しく取り組むといいだろう。社員ブログで顧客満足を実現する。これだけ書いてもやらない会社が多いが、わが社としては継続する理由しかない。**僕がお客様なら、社員ブログのない工務店は絶対に選ばない。**今後もさらに力を入れていく（図26）。

スマホの普及に伴って、ブログの中身にも大きな変化があった。それは、**「文章だけのブログ」から「写真・動画のあるブログへ」の変化だ。**スマホを持っているということは、いつでもどこでも写真や動画を撮影できる環境があるということ。そのため、できるだけ「写真・動画のあるブログ」を発信するようにしている。さらに詳しく「動画化」について書いていこう。

文章だけでは読まれない、これからは動画へ

ホームページの中には、「会社沿革」や「自社の特徴」というページがあり、年表のようなものが書かれていて、長い文章で特徴が述べられている。

申し訳ないが、その文章はほとんどと言っていいほどお客様には読まれていない。現にわが社のホームページでもそうだった。悩みながら書いた文章でも、お客様が見やすいものになっていなければ、どれだけ立派に書いたとしても読まれない。

ただ逆転の発想で、**お客様に見やすいものになっていれば読まれる**ということにもなる。お客様に届けたい内容であれば、見てもらうための工夫が必要だ。

「この会社はどんな会社なのだろう？」「この会社の特徴は何だろう？」と疑問を持つお客様に、動画を使ってみたらどうだろうか。わが社で早速試してみた。

社内メンバーが**「会社沿革」や「会社の特徴」を動画化したことによって、驚くべき結果が出た。**何と今までほとんども見てもらえなかった「会社沿革」が、動画公開をしてから200回以上も再生されてる！動画がなかった時の「会社沿革ページ」の直帰率は97％。ほどんどの人が「会社沿革」ページを見た時に「自分には価値がない」と判断し、読まずに違うページに移っていた。直帰率とはそのことを意味している。動画化したことで、見てもらう回数が激増したのだ。

さらに**平均再生率が67％になった。動画のほとんどを見てくれていることもわかった。**

YouTube（ユーチューブ）用語で「平均再生率」とは、動画が視聴された部分の平均割合。

図27　動画化でアクセス数が激増！

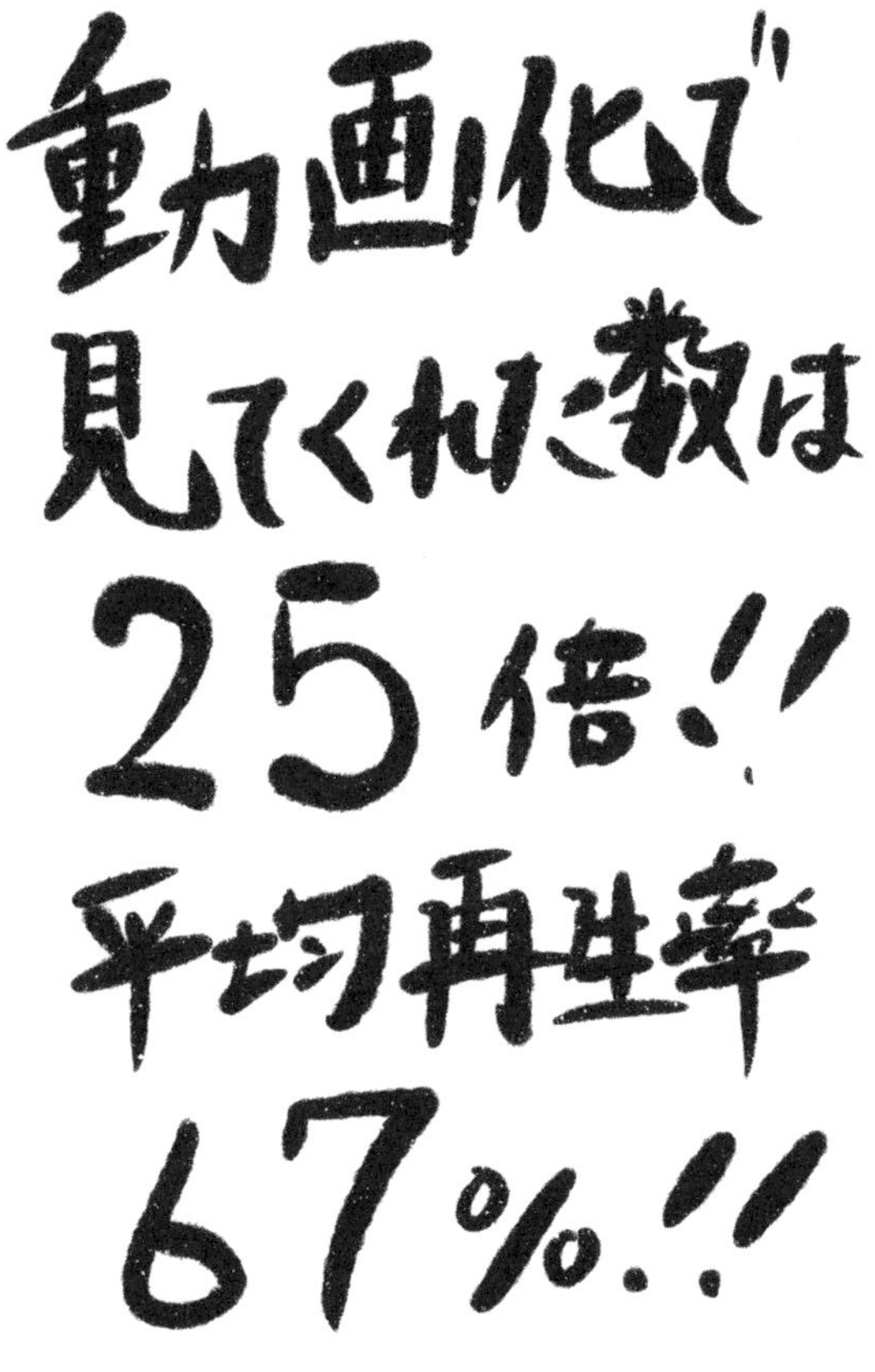
動画化で
見てくれた数は
25倍!!
平均再生率
67%!!

例えば、2人が20秒の動画を10秒ずつ見た。この場合の平均再生率は、50%となる。合格ラインは、40%と理解しておこう。

「そうか動画なら見てくれるのか！」。今なら、動画を1本50万円などとコストをかけてつくってもらわなくても、**低コストで簡単につくれる。わが社が発信している動画も全て社内メンバーで編集している。**動画化への取り組みはまだまだ続く。ホームページの中に積極的に動画を取り入れていこう。

参考に、わが社で使用してきた動画のアプリケーションを紹介しておこう。

■Final Cut Pro X（ファイナルカットプロテン）

米国Apple（アップル）社によって開発された動画編集ソフトで、5万円以内の予算で購入できる。動画のプロも使用するほど、動画編集に必要な機能は全て揃っているのではないだろうか。僕自身も、このソフトを使って動画編集をするが、非常に使いやすい印象を持っている。動画をiPhoneで撮影し、その動画をMacに取り込み編集するという流れだ。

わが社では、社内YouTube担当の喜多がほとんどの動画を編集している。わが社のホームページで累計126万回再生、2300件以上の高評価をいただいた「雑草処理の動画」

図28　Final Cut Pro Xでつくった動画

お庭のお役立ち動画

▲雑草の種類や抜き方などを解説

▲スギナの特性とケース別対処法を詳しく解説

▲顆粒の除草剤「カソロン」を使ったスギナ駆除

▲庭を造ってスギナを絶やす、逆説的な除草法

もこのソフトを使用し、社内で編集したものだ。参考になれば幸いだ（図28）。

■iMovie（アイムービー）

米国Apple社によって開発された動画編集ソフトで、無料ソフトとなる。Final Cut Pro Xと比較すると、使える機能はかなり少ない。だが、機能が多すぎても使いこなせなければ意味がないので、まずはこちらの利用をオススメする。

今は、社内共有用はこちらでつくり、外部用はFinal Cut Pro Xを使うなどと使用用途とそれにあてる時間配分でソフト選択をしている。

図29　VYONDでつくった動画

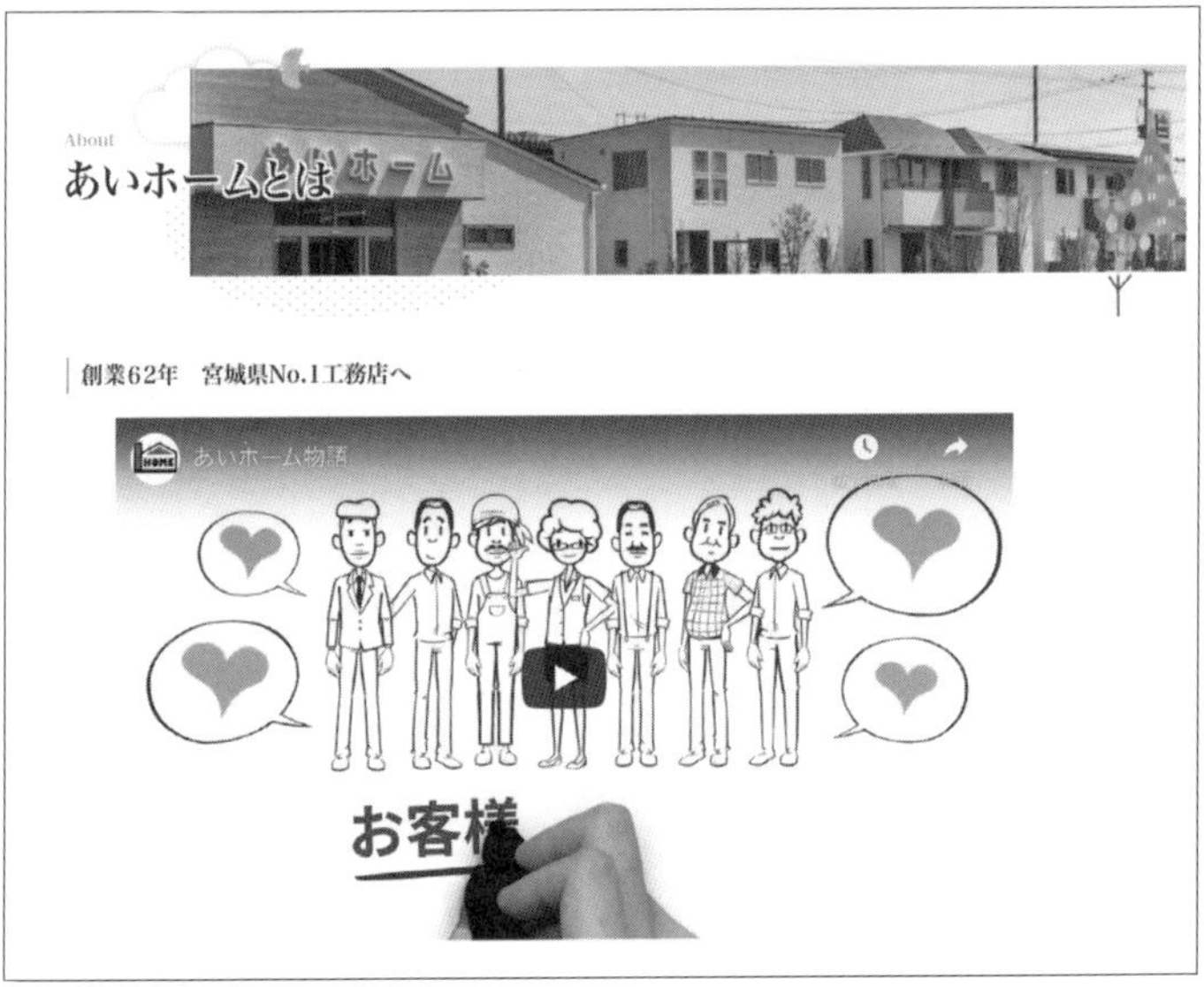

過去の歴史など、「撮影ができないこと」を表現するにはアニメは有効な手段だ。「物語」や「ストーリー」で理解することができるので、初めて見る方に優しい。スマホで見ていただくことを想定しているが、大きなモニターでも見ることができる。月間5本程度のアニメ動画が、社内でつくられている。

■VYOND（ビヨンド）

アニメーションをつくる動画ソフトだ。アニメーションのメリットは、撮影が不要ということだ。動画をつくるには、必ず撮影（動画の材料）というプロセスが必要だったが、そのプロセスを劇的に解決してくれる。会社ストーリーアニメ（https://youtu.be/V6_DZirVy7w）をこのソフトで動画にしているので参考にしてほしい（図29）。なお、動画配信はYouTubeだけでなく、**Vimeo**（ヴィメオ。https://vimeo.com/jp/）という有料の動画配信サービスもオススメだ。高画質で広告が表示されないなどのメリットがある。

紹介してきたように、びっくりするほど低予算で価値ある動画がつくれる。社内にきっと動画をつくるのが得意な人、もしくはやればやるほど上手くなる人はいるものだ。会社を動画で発信する努力は、より一層必要になっていくだろう。

Instagramで面接し、８名内定！

新卒採用に取り組んでいる工務店に朗報がある。わが社では新型コロナ期間中に、ほと

図30　Instagramで画期的な新卒採用

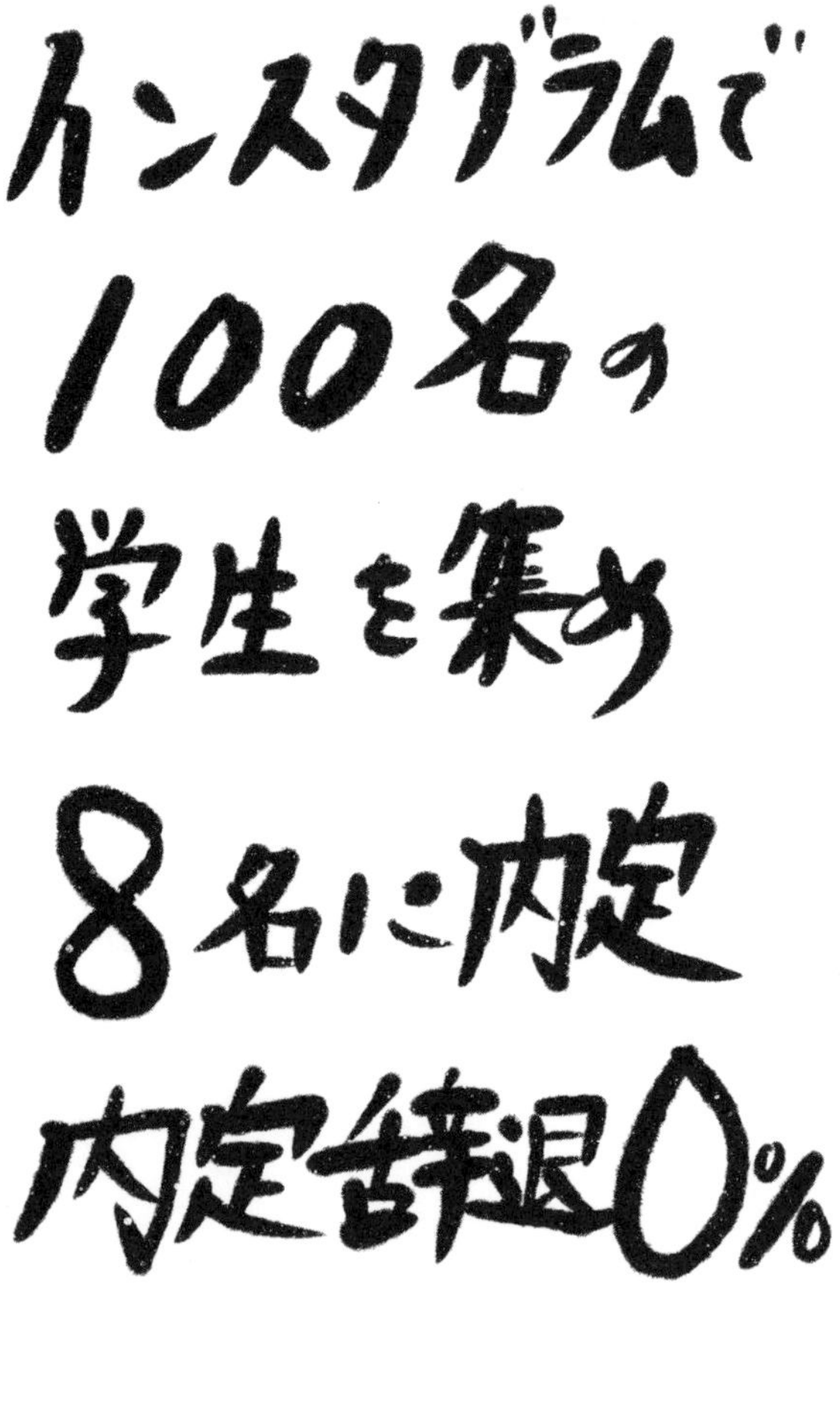
インスタグラムで
100名の
学生を集め
8名に内定
内定辞退0%

んど予算をかけずに、自社に合う学生を採用することができた。

Instagram と YouTube で学生１００名を集め、８名に内定を出した。２０２１年4月に入社予定だが、内定を出してから内定辞退は1人もいない。さらにその内定者の中では、**在学中に宅地建物取引士の試験に合格**してしまうものまで現れた。低コストでやる気のある優秀な学生と出会えるのは、感動そのものだ。一緒に仕事をするのが楽しみで仕方がない。

どのようにしてそんなことができたのかを詳しくお伝えしていこう。

新型コロナウイルス感染症が拡大していた２０２０年３月。学生向けの就活イベントは全て中止。学生に出会う接点がないことに頭を悩ませた。社内の新卒採用チームで今後のことを話している時に、ふと思いついた。

「**Instagram と YouTube でライブ配信をしてみよう。**

きっと学生のみんなは自宅で就活しているはずだ」

忘れもしない２０２０年3月26日。思い立ったその日から、毎日ライブ配信を始めた。

図31　Youtubeで毎日ライブ配信

【#あいホーム：就活生向け会社紹介㉔】企業選びのポイント
あいホーム 宮城の住宅&エクステリア

【#あいホーム：就活生向け会社紹介㉓】就活のポイント
あいホーム 宮城の住宅&エクステリア

【#あいホーム：就活生向け会社紹介㉒】営業職の切磋琢磨
あいホーム 宮城の住宅&エクステリア

【#あいホーム：就活生向け会社紹介㉑】両國さんと対談
あいホーム 宮城の住宅&エクステリア

【#あいホーム：就活生向け会社紹介⑳】晃くんと対談
あいホーム 宮城の住宅&エクステリア

就職活動をしようとしている学生さんに役立つような、「考え方」や「就職活動の経験」を毎日10分の短時間でライブ配信をしていった（図31）。

ライブ配信するだけでは誰も見てくれないので、Instagram上で宮城県内の大学4年生と思われるような学生を見つけては「フォロー」したり「いいね」をしてみたり、まさにネット上で就活イベントに参加しているような気分で地道に続けた。すると、少しずつだが見てくれる人が増え、毎日見てくれる人が増え、手ごたえを感じてきた。

さらにそのライブ配信を見てくれた方に、わが社の**「オンライン会社説明会」**

動画をつくって、希望者にはその説明会に参加（視聴）してもらうようにお願いした。驚くことに期間中１００人の学生が「オンライン会社説明会」に申し込んでくれた。

会社説明会に参加してくれた学生だけにエントリーシートのデータを送り、**50名の学生**がエントリーシートを書いて提出してくれた。まだ一度も学生には会っていない状態である。

さすがに「面接は実際にあったほうがいいのではないか」という意見もあったが、新型コロナウイルス感染症のリスクも考えて、思い切って**Instagramのビデオチャットでオンライン面接**をやってみた。Instagramで面接するというのは学生も初めてだが僕自身も初めてだ。「Instagramで面接するのは初めてですか?」と全員に聞いたら、１００％の学生が「初めてです」と回答した。

自宅で就活をするなんて、自分が学生の頃には想像もつかなかったが、目の前の学生は真剣に取り組んでくれている。オンライン面接からもその緊張感が伝わってきた。学生のその頑張りに、画面越しに勇気をもらった。何度か選考を繰り返し、８名の内定者に絞らせてもらった。

一生忘れることのない新卒採用になった。いまだに直接会う機会は少ないのだが、ネッ

図32　Instagramで新卒採用を案内

ト上では何度も会っているので、たくさん会っている気分だ。**内定式もオンライン**で行い、先輩社員との座談会や個別相談などもできた。学生の就職活動が根底から覆るような結果に、本当に驚いた。新型コロナウイルスというピンチが生み出したチャンスの一つだ。たまたまいい結果が出たのかもしれないが、「**学生のみんなだって困っているはずだ**」と信じてやりぬいた。就活生に対して何か役に立てないだろうかという気持ちは本当だった。お客様のネットを活用した住宅購入という大きな変化を考えると、Instagramで面接をしたメンバーが活躍してくれることだろう。今からワクワクしている。

SDGs達成によって集客と採用を同時に実現

僕の社長理念は、「**『あ、いい。』の追求**」だ。２０２０年5月22日に代表就任をする時に、１ヶ月かけてつくった言葉で、生涯変わることのない理念だ。自分が大事にしていること、これから大事にしていくこと、その軸となること、を言葉にした。普段何気ない会話に耳を傾けると、本当に心からいいと思った時に出る言葉が、「あ、いい。」だった。

この理念に100％合致しているのが、**「SDGs」（エスディージーズ）**である。SDGsとは、196の国と地域が目指す持続可能（サスティナブル）な開発目標のことで、世界のあらゆる社会課題を網羅している。この目標は、3年以上の年月を費やし、194ヶ国の約1000万人が参加したオンライン調査を経てつくられたと言われている。これまでの人類史上これだけたくさんの人が意見を出し合ってつくった目標はない。

「信頼の輪」のことを第2章で書いた。これは「応援してもらえるぐらい、顧客と地域に尽くそう！」という考えが根底にある。これから世界や地域がSDGsの達成に向かっていく中で、SDGs達成に取り組まずして、本当に応援され続けることはできるのだろうか？**僕がお客様であれば、地域や社会の課題に一生懸命取り組む工務店を応援したい**。子供たちも学校でSDGsを学び、社会に出てくる。

工務店にとって最大の資源は人だ。**何をやるにも理念に共感したメンバーが必要だ**。積極的に頑張る工務店にこそ、積極的に頑張る人が応募してくる。積極的に頑張る工務店にこそ、それを応援したいお客様が集まってくる。世界共通目標というのも夢があっていい。義務的に取り組むのではなく、自社ならではの楽しい取り組みにして、積極的にSDGs達成を目指すべきである。

図33　SDGsをホームページで発信

あいホームのSDGsアクション

あいホームは宮城県の住宅会社として、持続可能な開発目標に対し、下記のように取り組んでまいります。

3 すべての人に健康と福祉を

高断熱で省エネルギーな住宅を提供することが、健康増進・長寿命への貢献のひとつだと考えています。ヒートショックを防ぎ、住む人が健康で安心安全に暮らせる家。あいホームでは、見えないところである壁の中の断熱性能にこそ徹底的にこだわり、さらに北海道などの寒冷地で普及する樹脂窓を全商品に標準採用することで、体にやさしい住居を目指しています。積極的にZEH住宅の普及にも努め、高断熱高気密・省エネルギー住宅の推進をするために、いつでも体感できる自社独自の住宅展示場を展開しています。

また、社員の健康増進するためにマラソン大会への参加や歩数競争イベントなどを行い、健康意識を高めています。自治体保健所主催の健康イベントでは、事業所として最優秀賞を受賞しました。

5 ジェンダー平等を実現しよう

女性が活躍する機会を創出することで、男性中心と言われる建築業界でも、新しい住宅サービスを実現できると考えています。あいホームでは女性社員が働きやすい職種や仕事を作り、積極的な女性採用を続けたことで、現在では女性比率が50%超（業界平均比率13%）、特に設計職は10名中全員が女性という構成になっています。

また、15歳以下の子供を育てる社員は全体の約4割となっており、男女問わず子育て世代の社員が仕事と家庭を両立できるよう改善を続けています。

政府が掲げる「2050年カーボンニュートラルの実現」に向けて、地方工務店の経営計画に「サスティナブル」（持続可能）という要素をしっかり組み込み、日本の流れや世界の流れを俯瞰しながら、企業活動を行う。これからは、**ソーシャルグッドな企業こそ、長期的に生き残る価値を持ってくる**だろう。グローバル視点を持ちながら、地域発のアクションに本気で取り組んでいきたい。

第5章

顧客満足度を最大化させる「住宅ベストセールスシステム」

「究極の初回面談」に全社を挙げて取り組む

お客様が工務店を選ぶ際に、ホームページやSNSなど、スマホで情報収集をすることを書いてきた。つまり、**勝負はスマホの中で決まっている**ということだ。

そんな時代に、わざわざ会社に足を運んでくれるお客様が現れたとしたら、これはとてつもなく奇跡的なことなのだ。これを当たり前と思ってはいけない。このご縁を本当に大事にしなくてはならない。初めてお客様とお会いすることを「初回面談」と呼んでいるが、この**初回面談に全社を挙げて取り組む必要がある**。

逆にお客様の立場になってみれば、初回面談に力を入れていない会社は、正直申し上げてやめたほうがいい。お客様の時間は有限で、貴重な時間を使って足を運んでくれたことに感謝していないからそうなる。そういう姿勢では、お客様が本当に望むことや家族が叶えたいことに応えるサービスは生まれないはずだ。

この章では、初回面談に全社を挙げて取り組み、具体的に実践してきた事例とともに、住宅のベストセールスの仕組み（システム）を追求していく。

図34　初回面談が最も大事

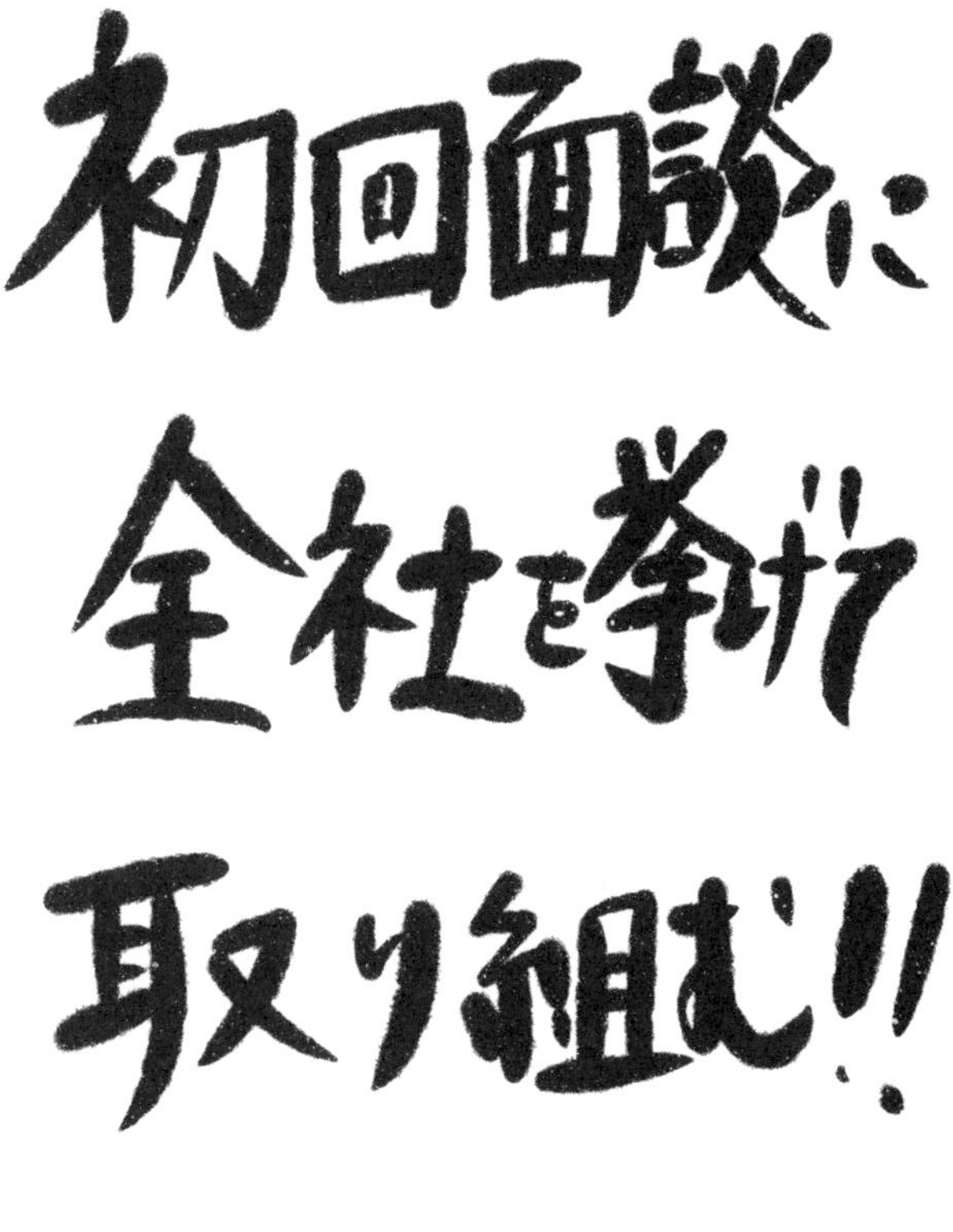

住宅ベストセールスシステムはお客様にもベストなもの

住宅トップコンサルタントの長井克之氏はこのように言っている（『住宅ビジネス成功の鍵』日本住宅新聞社、２００４年）。

地場工務店・ビルダーも住宅会社として全社をあげて営業力強化をしていかなければ競争に負けることになる。

歴史的に見ると、①「営業マンのマンパワー」による時代、②「営業マン＋商品」による時代、③「営業マン＋商品＋ブランド」による時代、④「営業マン＋商品＋ブランド＋システム」の時代へと変遷してきている。（本文引用）

住宅営業の歴史がここに集約されていると感銘を受けたため、長井氏に直接話を伺ってみた。するとさらに驚くことをご指導いただいた。

「住宅業界はこの50年何も変わっていない。変わったのはITだけ」

本質は何も変わっていないのだ。頭に雷が落ちたような気づきを得て、このことに深く感銘を受け、小手先のセールスノウハウではなく、本質的な「**ベストセールスシステム**」について考えることができた。

住宅ベストセールスシステムを書く前に大事なことが３つある。

１つ目は、セールスシステムが「ベスト」という状態は「**お客様にとってもベスト**」だということ。

２つ目は、セールスシステムはつくって終わりではない、永遠に磨き続ける。

そして最後に３つ目として、徹底的にＩＴを活用すること。本質は何も変わらないが、セールスシステムは会社によってやり方が変わる。ただ、この３つの大事なことだけはどの工務店にも当てはまる大事なポイントだ。

ベストセールスシステムを追求するために、住宅セールスの構造を明らかにしていく。良い住宅をつくるために建築の構造を理解するように、住宅セールスの構造についても理解を深める必要がある。お客様にもベストな住宅セールスを追求するためだ。

住宅セールスの構造

住宅セールスの構造は3つに分けられる。1つ目は「顧客発見・情報先出し」。2つ目は、「商談展開・お役立ち」。3つ目が、「顧客満足実現」だ。顧客を発見し、商談を展開し、顧客満足を実現するという住宅セールス構造に例外はない。

1つ目の**「顧客発見・情報先出し」がなければ、見込客は増えない。**お客様がいなければ何も始まらないので、永遠に顧客創造には全力で取り組む必要がある。個人ができることと、組織ができることを同時に磨く。商談ができる見込顧客を増やす活動であるため、ホームページやSNSを通してお客様が知りたい「情報を先出し」することが大切である。

2つ目は**「商談展開・お役立ち」**。これができなければ、どれだけ見込顧客を増やしても、契約していただくことはできない。この章の最後に質問型営業について詳しく書くが、**根本的にお客様への「お役立ちの信念」が必要だ。**小手先のテクニックでご契約をいただくことはできない。住宅はお客様の人生を扱う。軽い言葉や適当な姿勢では通用しない。

3つ目の「**顧客満足実現**」。これがなければせっかく契約をいただいても、お客様が満

図35　わが社が実践しているベストセールスシステム

	潜在見込客	見込顧客	契約顧客	入居顧客
	❶	❷	❸	
	顧客発見 情報先出し	商談展開 お役立ち	顧客満足実現	
個	・社員ブログ ・SNS ・LIVE配信	・リモート接客 ・FP相談 ・チャット ・質問型営業 ・オンライン面談	・契約から引渡 アフターフォロー	・アフター コミュニケーション
組織	・VR展示場 ・SNS ・展示場 ・イベント	・わかりやすい ツール開発 ・モニター環境 ・ロールプレイ ・トークスクリプト	・設計／工事のCS実現	・アフターサービス
IT	・「ID」による 顧客管理	・見える化 ・徹底的な数値化	・「ID」による 顧客管理	・「ID」による 顧客管理

足して生活をすることができない。契約をいただいた瞬間からこのフェーズに入るので、詳細打ち合わせ、現場の品質や工程管理、アフターメンテナンス全てで満足してもらうことを目指す。建てた住宅や暮らしに満足しなければ、これから住宅を建てる友人から相談を受けた時に、依頼した工務店を心から勧めることは絶対にない。反対に、本当に満足していただければ、見えないところで応援をしてもらえる。

この住宅セールスの構造を押さえた上で、**「個人・組織・ＩＴ」**を統合させてベストセールスシステムを確立する。前ページの**表の中の言葉を自社のものに書き換えることで、自社のセールスシステムを可視化できる**ので、試してほしい。僕自身も、長井氏のセールスシステムの内容をアレンジし、「住宅ベストセールスシステム」として形にした。

セールスツールを徹底的に磨く

ベストセールスシステムを実現するためには、実現するための武器が必要だ。**セールスツールは、お客様との商談を展開する上で、しっかりと事前準備する必要がある。**テクノ

図36　わが社のセールスツール活用チェックリスト

■顧客発見・情報先出しフェーズ：見込顧客を増やすためのツール

	ツール名	✓	活用方法
1	名刺（顔写真入り）		初回面談でお渡しする自分の連絡先・LINE 情報
2	自己紹介ムービー		ご来場前に安心感をもっていただく
3	コミコミ価格の商品カタログ		価格の安心感をもっていただく
4	施工事例写真集		ビジュアルで自社の住宅をイメージいただく
5	会社コンセプトブック		会社の特徴がわかりやすくお伝えできる
6	社員ブログ		自己開示を日常的にして信頼関係を築きやすくする
7	自己紹介カード（A4 サイズ）		ブログやムービー QR 掲載、出身地等で親近感
8	ご案内用パワーポイント		成功する家づくり、成功する土地探しについて
9	学区一覧マップ		地域を把握し、土地探しに活用する
10	来店のお礼状		新規来店された方へお礼状の送付をする

（次ページに続く）

ロジーの進歩によって、ツールがどんどん開発されているので、常にアンテナを張り、新しいものを試し、住宅ベストセールスシステムとともに改善を続けるべきだ。

セールスツールを考える上で、根本となる考え方は「口先だけではお客様に伝わらない」ということだ。例えば写真や資料などのビジュアルが大事になる。

これから住宅を建てようとする何も知らないお客様に、専門用語をたくさん使って説明するのは、絶対にやってはいけないことだ。

今現在使用している「**セールスツール活用チェックリスト**」（図36）を共有する

■商談展開・お役立ちフェーズ：初回面談から契約までのツール

	ツール名	✓	活用方法
1	ヒアリングシート		家づくりを実現するための情報をまとめる
2	契約書見本		契約についての不安を解消する
3	自社・他社比較表		他社と比べた時の自社の特徴をお伝えする
4	間取り集		理想の間取りをイメージしていただく
5	敷調報告書		建築する土地の現状をまとめる
6	各種保証書		将来の不安を安心に変える
7	資金計画書		資金の不安を安心に変える
8	建築の流れ		現金購入 or 住宅ローンありの２パターン
9	融資比較表		銀行選びのお役立ち情報をまとめておく
10	融資事前審査で必要な書類一覧		住宅ローン利用のお役立ち情報をまとめておく
11	アフターサービス資料		アフターメンテナンスへの安心をご提供
12	地盤調査資料		調査方法を写真やイラストでお伝えする
13	仕様比較表		商品の違いをわかりやすくお伝えする
14	火災保険見積一覧表		火災保険の内容ををわかりやすくお伝えする
15	「土地の探し方」パワーポイント		土地探しの方に流れや手順をお伝えする
16	「家づくりの進め方」パワーポイント		初めてマイホームを建築する方に流れやポイントをお伝えする

（前ページから続き）

■顧客満足実現フェーズ：ご契約からアフターメンテナンスまでのツール

	ツール名	✓	活用方法
1	お引渡までの流れ		いつどんなことをするかイメージいただく
2	お礼状		お引渡時にこれまでの想い出をお送りする
3	不動産取得税軽減の資料		税負担を軽減する方法をお伝えする
4	住宅ローン控除資料		税還付に関する方法をお伝えする
5	オリジナルアルバム		新築時の写真を想い出にお渡しする

ので、個人・組織両面においてこのチェックリストを更新し、新しく入ってきた新入社員でも、すぐに武器を揃えられるように工夫をしておくことが大事だ。工務店同士が戦うための武器ではなく、お客様によりお役立ちするための武器と捉えていただきたい。

大きなモニターで見やすい商談

直接お会いした時に最も大事なのは、話をする時の資料だ。何の資料も持たずに口だけで説明をする人もいるがどれだけ上手に話してもお客様の頭にはほとんど残らない。

以前であれば、クリアファイルにお客様が知りたいと思うような資料を挟んでおいて、必要に応じて見せながらお話をするスタイルだった。

最近では、**文字よりも写真、写真よりも動画というように、古い情報よりは新しい情報。わからないことはその場で調べてお答えするスピード感。**そういうことを考えていくとパソコンを使って見せる資料は、大きなモニターで見せるようにするのが良い。

紙の資料であれば拡大はできないが、モニターで見せる資料であれば強調したいところを拡大するなど、お客様に合わせて見せ方を工夫できる。

お客様の資金相談はビジュアルで伝える

初回面談の中で最も大事なのは、住宅の話よりも予算や住宅ローンなどの資金についてだ。現金で住宅を購入する方も中にはいるが、ほとんどの方が住宅ローンを利用する。当然のことながら、「住宅ローンを何度も利用したことがある」というお客様にはお目にかかったことがない。多くのお客様が、初めて住宅ローンを利用することに、不安や疑問がたくさんある状態だ。

そのため、短い時間で誰が聞いてもわかりやすく伝える努力がいる。お客様の予算を算出し、30年後60歳の時にどれだけ住宅ローンが残っているか、どのように返済をしていけば安心かなど、お客様の人生に寄り添う姿勢が必要だ。

電卓を叩くだけの**ただの計算マシーンになってはいけない**。スマホで簡単に計算できるので、住宅ローンの月々の返済額を計算しても意味がない。それはお客様自身でできる。

お客様の人生がどうなるのかを、住宅の専門アドバイザーとして話せるようになるべきだ。

わが社では「専用ソフト」を使い、お客様と一緒に資金面について考えられるように工夫をしている。様々なツールがあるので、選ぶ際には検討が必要だが、**大事なことはビジュアルで伝えられるもの。モニターで伝えられるものが良い**と考える。

短期間で知識武装するには社内試験

営業の新入社員が一番に不安に思うのが知識不足だ。「知識がないので不安です」という言葉を何度も聞いてきた。自分で本を読んだり、先輩から話を聞いたりすることで少しずつ知識はついていくが、なかなか自信を持って知識がついたと言える状態になるまでには年数がかかる。

ただ、ある方法で、**短期間で知識を習得することができる。それが「社内試験」だ。**今のところこれ以上に知識習得を短期間でできるものはない。

実際にお客様から聞かれる質問を想定し社内で試験をつくり、「合格しなければ追試」という厳しい基準を設け、徹底的に社内試験を繰り返す。これをすることで**入社後２～３年分の知識を２～３ヶ月で一度に習得することができる。**お客様から聞かれた質問に自信を持って回答することができた時、勉強してきた努力が報われる体験をすることになる。

試験問題をつくったり、試験を継続実施したりすることは簡単にできるものではないが、この社内試験から得られる知識習得は、本人にとっても会社にとっても一生の財産になる。労力をかけるだけの価値が計り知れないほどある。

知識があるから住宅が売れるわけではないが、ベースとなる知識は絶対に必要だ。次に触れる質問型営業と合わせて、社内試験を強くお勧めする。

「質問型営業」の住宅アドバイザーを目指す

工務店のＩＴ・ネット活用を推進する上で、どうしてもＩＴ化できない分野がある。それが**お客様とのコミュニケーション**の部分だ。つまり、営業のことを指す。

住宅を建てようと思うお客様の心に寄り添い、応援し励まし、お客様の夢や願望を実現する。それはＩＴには置き換えることはできない。これからさらにテクノロジーが進歩して、ＡＩ（人工知能）やロボットなどが工務店の経営の中にも活用されていくだろうが、人と人とのコミュニケーションの分野だけは絶対になくなることはない。

だからこそ、コミュニケーション（顧客との接点）には、**ブレない普遍的な営業哲学が必要だ**。今現在も取り組み磨いている最中だが、究極の住宅営業は「**質問型営業**」だと信じている。

説明ばかりをする売込営業を受けたことがあるだろうか？　そういう営業を受けると僕の心は固く閉じ、話している内容も頭に入ってこないし、購入する意欲も下がっていくのを感じる。せっかく購入したいという意欲があって話を聞いているのに、意欲を下げてしまうのは、営業ではなく〝逆営業〟だ。

質問型営業とは、説明型の売込営業とは全く逆の発想で、お客様へのお役立ちを原点としている。わが社では、青木毅氏の開発した「質問型営業」を学び、実践し、**住宅の質問型営業を確立しようとしている**。

お客様の欲求やニーズを大切にし、アポイント、アプローチ、プレゼンテーション、クロージング各段階において、本当にお客様にとってベストなコミュニケーションを目指す。質問型営業を実践し、住宅の専門アドバイザーとしてお客様へのお役立ち度を高める。そのため、わが社では「営業」とは呼ばず、「住宅アドバイザー」と呼んでいる。

説明型の営業手法をしている会社が多いので、質問型営業を取り入れるだけで差別化になる。僕は開発者の青木氏の理念に共感している。多くの営業パーソンが質問型営業の価値に気づき、実践していくことが、工務店業界のさらなる発展につながると考えている。

基本となる部分について書かせていただくが、より詳しく学ぶ場合は青木毅氏の質問型営業について勉強することをお勧めする。質問型コミュニケーションは、「会話」と「質問」に分かれている。大事なのは「**好意・質問・共感**」だ。好意を持って質問しなければ、どんなに質問しても相手は心を開いて答えてくれない。共感がなければ、より深い話をしようとはしない。**お客様に「好意」を持ち、興味を持って「質問」する。そして、お客様が話したことに「共感」して受け止めるようにしよう。**

コミュニケーションの中身を分解すると、コミュニケーションが上手な人は、質問だけではなく、好意と共感に長けている。

身の回りのコミュニケーション上手な人を想像してみよう。みんなから話かけられる人

図37　質問型営業でお客様へのお役立ちを意識する

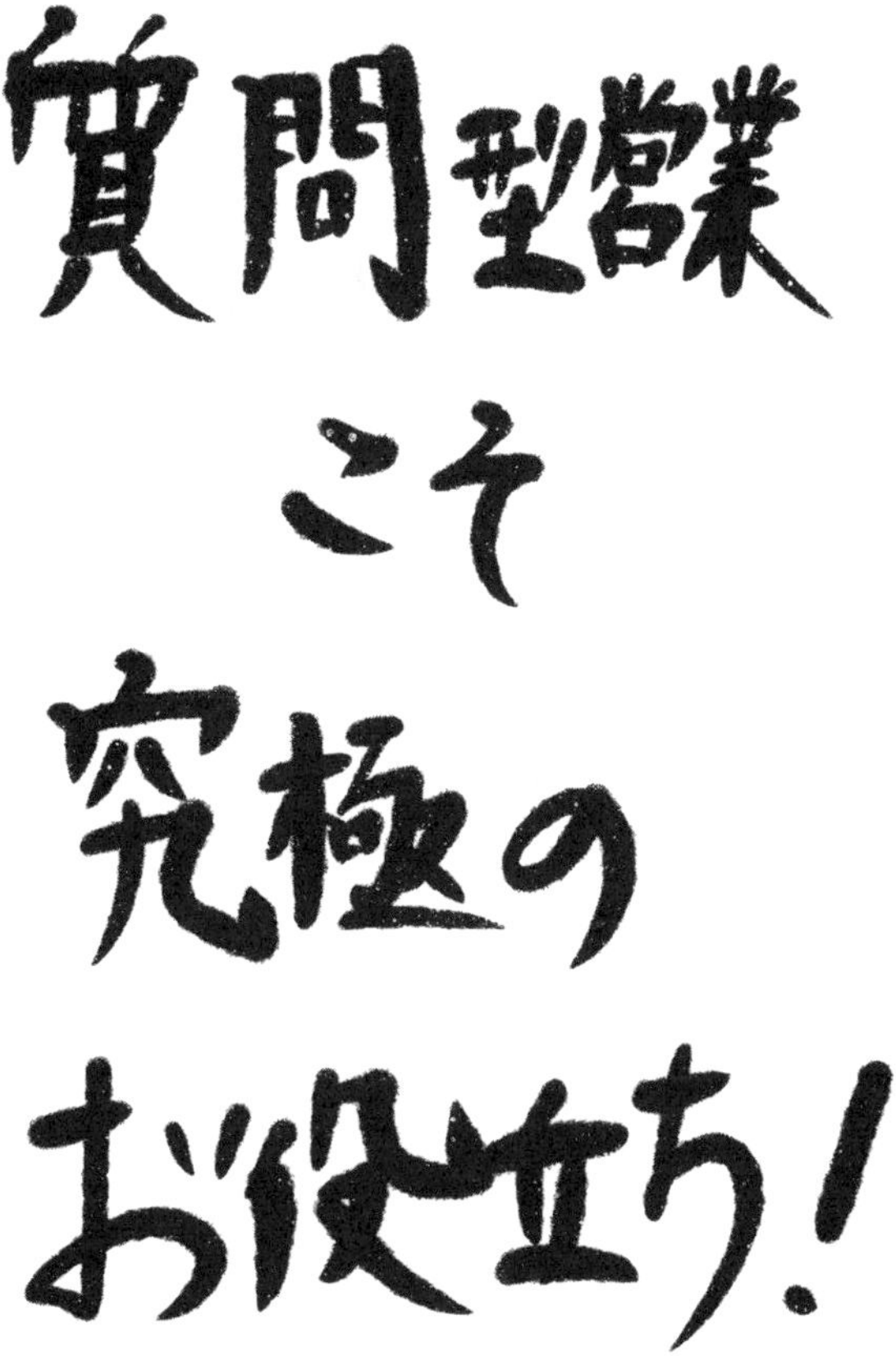

は共感能力が高いはずだ。これもベンチマーキングだ。どんな言葉を使って、どんな表情して、どんな仕草で話を聞いているのかを徹底的に真似してみよう。

「トークスクリプト」で徹底ロープレ

「質問型営業」開発者の青木毅氏は次のように言っている。

「営業は、生まれつきのセンスや性格ではなく、「学習」と「訓練」によって誰でも3ヶ月で習得可能なものである」

この言葉に深く共感し、僕には光が見えた。当時は無意識だったが、自分自身が24歳の時に「学習」と「訓練」で、住宅セールスを磨いていたことを思い出した。誰でも訓練をすればできるようになる。ただ、どのように訓練すればいいのか。そのことをここでは掘り下げる。

一言で言うと、「**ロープレ**」だ。お客様との商談を想定して、実際の商談練習をする。ただただ闇雲にロープレをすればいいということではない。お客様にお役立ち営業をしている**「社内のトップセールス」がどんな言葉を使い、どんな商談展開をしているのかを「教科書」にしておく**ことが必要だ。

その教科書のことを「**トークスクリプト**」という（図38）。この**トークスクリプトを全社員が共有し、言葉を真似し、実際にロープレで使い方を体に染み込ませ、それを繰り返すことで、お客様へのお役立ちの信念も強化していく**。

トークスクリプトができたら、徹底ロープレ。やり方はこうだ。

まずは、このトークスクリプトを暗唱する。何も見ないで話せるように最低１００回は口に出して「**１人ロープレ**」をする。暗唱できたら、サポート役の先輩社員と「**実践ロープレ**」を行う。ここでは使う言葉があっているかどうかのチェックではなく、**声の大きさ、表情、癖など、自分では気づけないところを教えてあげる**姿勢で取り組む。

「声の大きさを半分ぐらいにして、もう1回やってみよう」「話を聞く時のうなずきをもっと深くしよう、ではもう1回」というように、その場でアドバイスをし、すぐ変えてやってみる。実践ロープレでは、その場で修正できることをやるといい。

図38－1　トークスクリプトの例1

【あいホーム質問型営業トークスクリプト】（1時間40分）【部外秘】2020. 12. 25

第1段階【目的を聞く】（10分）	「今日はご来場ありがとうございます。受付表のご記入よろしいでしょうか？」 「ありがとうございます。モデルルームをご覧いただく前に、●様のことを少し聞かせていただけますか？」 「その上で、少し私どもの会社と商品のことをご案内させていただく方が、よりご要望に合ったお家のご紹介が出来ると思います」
①　目的を聞く ・会話は【好意－質問－共感】	受付表を見て、「●様ですね。ありがとうございます。今回のご自宅は何人でお住まいでしょうか？」『…』 「そうなんですね。ありがとうございます。ところで、今回この時期になぜ建築をお考えですか？」『…』 「そうなんですね。いつ頃からご見学に回られているのですか？」『…』 「そうですか。そうすると、当社は何件目になりますか？」『…』 「そうなんですね。その中で、一番考えておられるメーカーさんは、おありですか？」『…』 「なるほど。それは何故ですか？」『…』 「なるほど。では、●様のご要望に対して、当社の家はきっとご満足いただけると思います」
第2段階【動機を聞き、人間関係を結ぶ】（10分） ①個人（家族）に興味を持ち聞く	「ところで、今回はどなたのご要望でご自宅を建てようと思われたのですか？」 『家族の為』『子供の為』 「なるほど。何かご自宅について▲（お子様・奥様）から言われたのですか？」『…』 「なるほど。●様は、その時、どのように言われたのですか？」『…』 「そうなんですね。そしたら、▲様はなんて言われましたか？」『…』 「そうですか。●様は、その時、どんな気持ちでしたか？」『…』 「なんと、優しい●様ですね。■（奥様）はその時いらっしゃったのですか？なんて言われましたか？」『…』 「そうですか。それを聞いてどのように、●様は感じられましたか？」『…』 「いやっ。素敵なご家族ですね」『…』 「そういうことであれば、私共、ぜひお役に立ちたいと思います。何なりとご要望をお申し付けください」

1

図38－2　トークスクリプトの例２

① オール電化で光熱費が安い ② 減税がある ③ 土地が資産になる	「金額を出しました。お客様にとっては大きな数字ですが、具体的に住宅ローンに落とし込むと、幾らくらいになると思われますか？ご希望はありますか？」 「ところで、今のお家賃はおいくらですか？」 「今のお家賃くらいで買えたら理想的ですよね」 「お家賃が●万円ですと住宅ローンで月々同じ金額を支払って、ご希望の○万円の家を買っているのと同じです。このお話し、どのように感じられますか？」『…』 「この月々のお支払いで、これが建てられるのです。どのように思われますか？」『…』 「ですよね。これらが確実にできるとすればいかがですか？」『…』
	プレゼンテーション
第４段階【モデルルームを案内する】(30分)	「具体的にこの金額の当社の建物がそこに建っていますので、そろそろ見に行ってみましょうか？」 「お話しを聞いて頂いてからご覧いただいた方が、お客様の見方が変わるんです」と話しながら移動する。 「この広さはいかがですか？」『…』 「収納もこのようにありますが、どのように感じますか？」『…』 「このオーダーカーテン見ていただけますか？（すそを触ってもらう）これがそろっているのです。いかが感じられますか？」『…』 「ＬＥＤ照明も備え付けです」『…』 「外水道も備え付けです」『…』
	クロージング（契約）
第6段階【クロージング】【テストクロージング】	①「いかがでしょうか？ご覧いただき、どのように感じられますか？」『…』 ②「そういっていただき嬉しいです。どこを気に入って頂きましたか？」『…』 ③「ありがとうございます。具体的には？例えば？」『…』 ④ 「ありがとうございます。では、このようなご自宅であれば、最初にお聞きしたご家族の思いを無理なく叶えてあげられそうですか？」『…』 ⑤「なるほど。これが手に入れられるとすると、どのように感じられますか？」『…』 ⑥「じゃあ、もう少し具体的にお話ししませんか？資金計画にあった数字をお出ししますよ」

3

第6章

地域・地方工務店を劇的に変化させた
IT、ネット徹底活用33手

1. Zoomで全ての会議を録画する

ダラダラと会議をすることほど無駄な仕事はない。むしろ、会議を仕事と呼ばないほうがいい。会議をしている間は、会議に参加している人数のトータルの時間が費やされる。会議をすることでお客様が喜んだり、売上が上がれば何度もする必要があるが、実際にはそんなことはない。

会議の目的は、共有ではなく議論と決定だ。決定することが明確にできていれば、会議をする必要はない。事前に資料で情報共有しておき、議論しなくてはいけないところを明確にして会議に臨む。これができた上で会議をすれば、意味がある会議になると考えている。**いい会議のゴールは、会議が終わった後に参加者全員が「何をすればいいのか？」というToDoリストができていることだ。**会議が終わったのにもかかわらず、何をすればいいのかが明確になっていない場合は、何も現実は変わらないということだ。

理想の会議とは何かを理解できても、そのような理想の会議ができるかと言えば、なかなかそう上手くはいかない。そこで**必要なのは、いい会議になる仕組みだ。**できるだけ会

図39　社内会議は全てZoomに録画

Zoomで行った会議やオンラインイベントは全て録画し、Boxに保存する。会議に参加できなかったメンバーまでもが、iPhoneでいつでもどこでも確認できる。Boxは容量無制限のクラウドなので、データの保存容量を気にせず、全ての会議を保存し続けることができる。会議のために1つの場所に集まる必要がなくなり、議事録も不要。会議時間も短縮化。革命的な生産性向上である。

議時間を短くする仕組みを目指す。

社内の会議を全てオンラインにすることにより、本当に必要なことを話すようになる。実際に集まってやる会議のように、本題とは関係ない話がなくなる。アイスブレイクを社内の会議でする意味がないので、おしゃべりをしたいのであれば別の機会に仕事以外の時間ですればいい。

わが社では全ての会議をZoom（ズーム）で行い、全ての会議を録画する（図39）。そうすることで**参加できないメンバーも会議の中身を確認することができる**し、議事録という作業もなくなる。毎回書記を担当する人には朗報だ。慣れれば元には戻れないぐらいその良さを実感できる。

2. 新代表就任イベントをオンライン開催

２０２０年5月22日に先代から会社を引き継ぎ、新代表に就任した。今までの考え方だと、大きな会場を借り、協力業者や取引業者を招待し、代表就任セレモニーを盛大に開催していたかもしれない。

ところが新型コロナウイルス感染拡大の影響で、人が集まりづらくなり、ましてや１００人を超えるイベントを開催するなど、就任後すぐにできる状況ではなかった。

それでも、代表が変わるということは、社内だけではなく社外の関係者にとっても大きなことだ。新代表のビジョンや新しい組織がどの方向に向かっていくのかを、知ってもらう必要がある。

そこで、**代表就任イベントをオンライン開催した**。新代表の僕だけではなく、新しい組織を象徴する若手メンバーからも、新しい取り組みへの意気込みを話してもらった。不慣れな運営ではあったが、挑戦しただけの経験値は手に入った。その時の動画を恥を覚悟で共有させていただく（図40）。

主催側の僕たちもバラバラの場所から参加していて、オンラインイベントに参加している協力業者や取引業者も全く違う場所から参加している。

同じ場所で空間を共有してはいないが、同じビジョンを共有したことで手ごたえを感じた。**「本気で伝える」ことと、「必ず集まる」はイコールではない**。どんな状況になっても、オンラインであればつながれる。そんな時代だからこそそのやり方だ。

図40　オンラインによる社長就任イベント

このイベントで、「ビジョン」や「情熱」をオンラインで届けられることを確信。参加された方の心に届いたことを、いただいた感想から実感。今までやったことのないことへの挑戦は、経営者としての成長を加速させてくれた。

強調しておきたいのは、参加する皆さんの移動コストが全くかかっていない点だ。また、オンラインイベントをするためのコストなどゼロに等しい。会場費はもちろんゼロ。やろうとする気持ちと、実際にやってみる実行力さえあればできる。最初は上手くいかなくても、やらないほうが損するようになるはずだ。

3. 展示場をいつでもスマホで見学できるようにVR化

今までなぜ気づかなかったのかと後悔するほど、お客様にとってチラシの間取りはイメージがしづらい。紙に書いてある図面を、立体的に頭の中で映像にできるお客様はどれぐらいいるだろうか？

当たり前のように「図面に書いてありますが、こちらのリビングは16帖になります」などと説明していた。お客様にとっては、16帖がどれぐらいの広さなのかは全くわからない。

自宅にいながら、**展示場まで来なくても建物をイメージできる方法**はないかを模索した。すると、バーチャル空間上に**3DのCG**（コンピュータ・グラフィックス）で建物を建築し、それをスマホで見ることができるサービスを発見した。実際にこの目で見てみると、かなりのクオリティーに驚いた。これなら、未完成の建物でもお客様に本当にリアルにイメージしていただくことができる。

それだけでなく、完成している建物でも、わざわざ現地に足を運ばずに建物を確認できる。つまり、お客様が時間を有意義に使えるのだ。

百聞は一見にしかず。このサイト（図41）から実際に**VR**（バーチャル・リアリティ）で建物をご覧いただきたい（https://aihome-vr.com/）。これなら自宅にいながら、楽しく家づくりができる。この分野はまだまだ進化していく途上で、常に最新情報にアンテナを張っておく必要がある。

わが社では**スペースリー**（https://spacely.co.jp/）というサービスを使い、３６０度のバーチャル空間を提供している。

スペースリーは、バーチャル空間を内覧するシステム。次項で説明する**Bubble**は、プログラミングなしでＷＥＢサイトを作成する「ノーコード開発システム」だ。Bubbleでつくったウェブサイトの中に、スペースリーのバーチャル空間を埋め込んでいる。

図41　バーチャル住宅展示場

4. WEBサービスをたった1ヶ月でノーコード開発

WEBサービスを自社で開発をしたことがあるという工務店は少ないはずだ。もちろんわが社もその中の一社だった。そもそも、開発など考えたことがなかった。

ところが、新型コロナウイルス感染拡大で、人と人が会うことに対するハードルがグンと上がった。**今まで使えると思っていたサービスは、実際に会うことを前提につくられたサービスばかりだった。**

お客様が「自宅で展示場見学ができるようにならないだろうか？」と探したが、その時点においては見つけることができなかった。「ないならつくる！」といきたいところだが、WEBサービスの開発経験はゼロ。開発会社に依頼したとしても6ヶ月～1年くらいの時間がかかってしまう。これでは変化の速い時代に遅れてしまう可能性がある。

そこで出会ったのが「**ノーコード開発**」だ。

ノーコード開発とは、プログラミングという時間や工数のかかる作業を省力化した、画期的な開発方法。省力化しているのでWEBサービスをつくる時にかかる6ヶ月から1年の期間が、２週間から１ヶ月に短縮できる。

実際に**Bubble**（バブル。https://bubble.io）というノーコード開発のシステムを使って開発したのが、「3．展示場をいつでもスマホで見学できるようにＶＲ化」で紹介したバーチャル展示場だ。変化が速い時代において、実践で使えるＷＥＢサービスがたった１ヶ月で開発できるのは最大のメリット。これからも多くの開発を手がけていくことになるだろう。

5. Zoomロープレを毎月開催する

オンライン面談のロープレを継続的にやっていることで、新しい世界が見えてきた。ロープレというと営業役とお客様役がいて、質問に対する回答を練習したり、模擬商談みたいなものをやる（図42）。実際のお客様に、わかりやすく家づくりをご提供できるようにこれまで実施してきた。ロープレをオンライン化することにより、**別々の場所でもメンバーの参加が実現可能になった。**これはとても大きなことで、これから営業を学ぼうとしている若手社員にとって、多くの営業社員と触れる機会は成長機会そのものだ。

図42　Zoomで毎月ロープレを開催

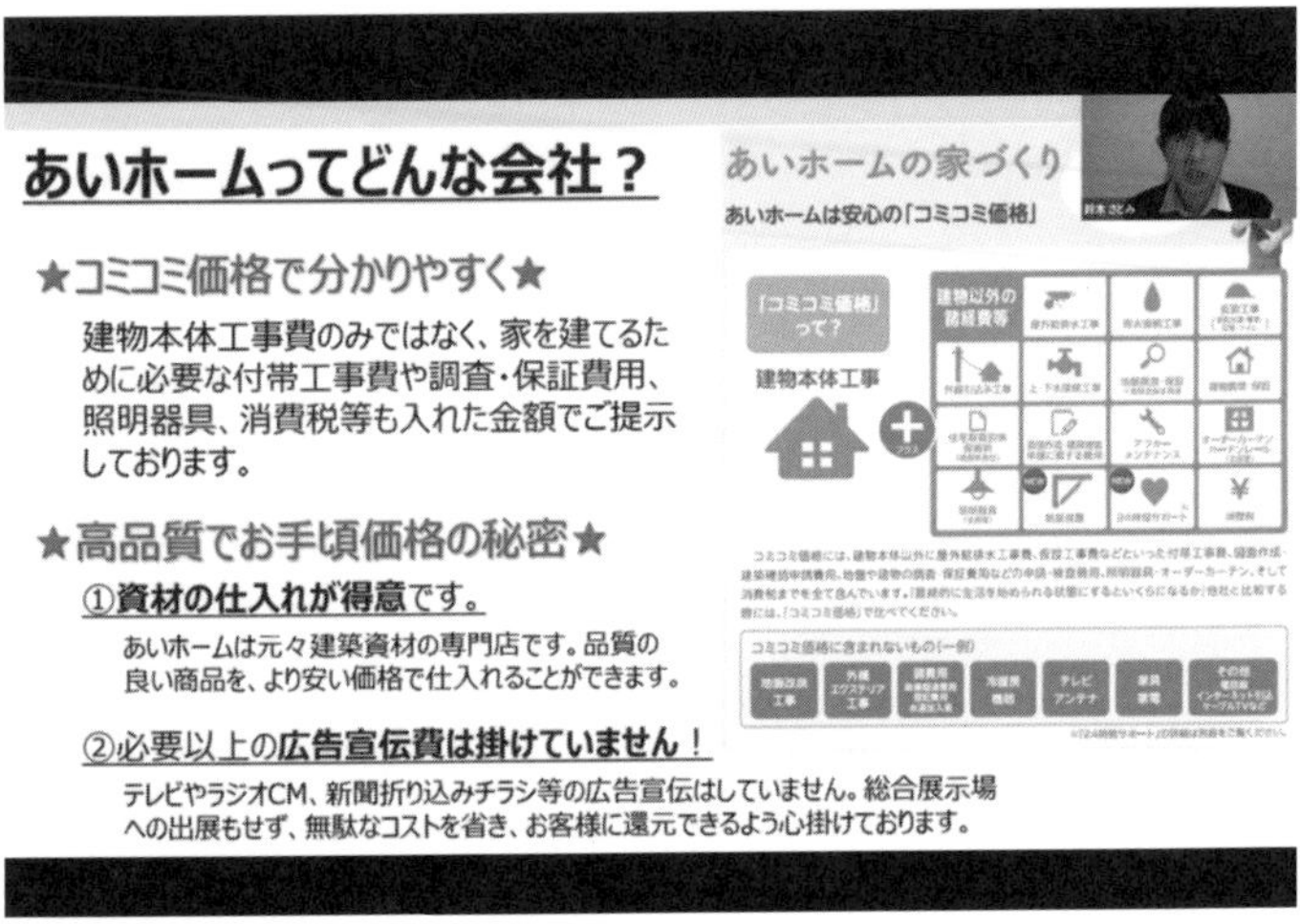
あいホームってどんな会社？
★コミコミ価格で分かりやすく★
建物本体工事費のみではなく、家を建てるために必要な付帯工事費や調査・保証費用、照明器具、消費税等も入れた金額でご提示しております。
★高品質でお手頃価格の秘密★
①資材の仕入れが得意です。
あいホームは元々建築資材の専門店です。品質の良い商品を、より安い価格で仕入れることができます。
②必要以上の広告宣伝費は掛けていません！
テレビやラジオCM、新聞折り込みチラシ等の広告宣伝はしていません。総合展示場への出展もせず、無駄なコストを省き、お客様に還元できるよう心掛けております。
あいホームの家づくり
あいホームは安心の「コミコミ価格」
「コミコミ価格」って？
建物本体工事
建物以外の諸経費等
コミコミ価格に含まれないもの(一例)

マネジメントする側の視点にとってもメリットが大きい。一度に見ることができるロープレ時間は限られているが、**オンラインでやることにより時間のロスなく多くの営業社員を見ることができる。**話す時の癖や表情などもリアルで開催するよりもつかみやすい。

ちなみに、オンラインで重要なのが音質と映像である。リアルで会う時にはない概念だが、これからの基本スキルとして音質と映像に関することを磨いていかなくてはいけない。

大事なことは最低毎月開催することだ。継続こそが力になる。

6. Zoomで社内試験を毎月実施する

専門知識を習得する近道は、社内試験だと断言する。教科書や本を渡したところで、自力で計画的に専門知識をつける人はほとんど少ない。

ところが、「**社内試験で90点以上とらないと不合格**」というルールの中でやると、必然的に知識習得できる。試験に合格しようと思ったら、あなたはどんな行動をとるだろうか？

そのことをイメージしてほしい。あなたも同じことをするかもしれない。

- 声に出して何度も話す
- 手で何度も書く
- 関連する用語を理解する
- 先輩に聞いてみる
- ネットで検索する
- YouTubeで解説動画を検索する

図43　穴埋め式の社内試験

■外部仕様

項目		仕様
外壁	仕上	窯業系サイディング 厚16mm 金具留施工（KMEW：光セラ）
		窯業系サイディング 厚16mm 金具留施工（ニチハ：Fuge/モエンエクセラード）
		窯業系サイディング 厚16mm 金具留施工（旭トステム：AT WALL PLUS ）
	防水・通気	透湿防水シート/外壁通気工法　通[redacted]
屋根	形状・勾配	形状：片流れ　　勾配：2[redacted]　軒出：60[redacted]の他：450mm)
	仕上	カラーガルバリウム鋼板　縦平葺き　0.4mm
	防水	ゴム改質アスファルトルーフィング
軒天		パルプ繊維混入セメント板 厚12mm 塗装品(ニチハ)
		軒先：鋼製小屋裏換気用軒天換気材 防火タイプ（JOTO）
雨樋		パナソニック ファインスケアNF-Ⅰ型　　竪樋：S30
破風		カラーガルバリウム鋼板巻き　0.35mm
バルコニー	床	FRP防水
	笠木・手摺	アルミ笠木＋バー手すり１段+横格子２段
玄関ポーチ	床	磁器タイル 300mm×300mm
	天井	パルプ繊維混入セメント板 厚12mm 塗装品(ニチハ)
基礎巾木		弾性無機系コンクリート保護材　キソッシュONE

■外部建具

項目		仕様
玄関ドア		LIXIL：アルミ樹脂複合断熱玄関ドア：《グランデル》 親子扉 K1.5仕様
勝手口	床	JOTO：ハウスステップ　樹脂製　収納庫付き
	庇	LIXIL：アルミ製（キャピア）
	勝手口ドア	LIXIL：樹脂サッシ《エルスターX》
サッシ		LIXIL：樹脂サッシ《エルスターX》
ガラス		ダブルLow-E トリプルガラス《クリプトンガス入り》
網戸		全開閉可能な窓に設置

クローゼット	キッチン	和室	床の間	押入れ	洗面脱衣室	トイレ
ア12mm		薄畳	地板	化粧合板	サニタリーフロア	
ムSフロア3P					朝日ウッドテック/アネックスサニタリー	
ーズ》：MSX／MRX　3P						
	ビニールクロス（量産タイプ） 厚12.5mm不燃防水PB下地	ビニールクロス（量産タイプ） 厚12.5mmPB下地			ビニールクロス（量産タイプ） 厚12.5mm防水PB下地	
コス（量産タイプ）						
					厚9.5mm防水PB下地	
		畳寄せ	雑巾摺り	畳寄せ	LIXIL：クッションフロア巾木	
		廻り縁選択可	設定なし	設定なし	設定なし	

1

HOME

極ZEHの家　標準仕様書（社内試験）

■構造仕様

項目			仕様		
基礎	基礎		鉄筋コンクリート造べた基礎　基礎立ち上がり[redacted]m)　耐圧盤厚:150mm		
	配筋		立ち上がり部:D10@200　耐圧盤:[redacted]		
	防湿施工		防水シート（ポリエチレンフィルム）t=0.15mm		
	換気		基礎パッキング工法（玄関框周囲・ユニットバス周囲気密パッキン）		
床組	土台		105mm×105mm	:加圧注入材（構造用集成材）	金物工法
	大引		105mm×105mm	:加圧注入材（構造用集成材）	〃
柱	通し柱		120mm×120mm	:構造用集成材	金物工法
	隅柱		120mm×120mm	:構造用集成材	〃
	管柱		105mm×105mm	:ホワイトウッド（構造用集成材）	〃
梁	1F	桁	105mm×240mm～360mm	:構造用集成材	金物工法
		梁	105mm×105mm～360mm	:構造用集成材	〃
	2F	桁	105mm×180mm～240mm	:構造用集成材	〃
		梁	105mm×105mm～240mm	:構造用集成材	〃
小屋組	母屋		105mm×105mm	:構造用集成材	金物工法
	棟木		105mm×105mm	:構造用集成材	〃
	隅木・谷木		105mm×105mm	:構造用集成材	〃
	小屋束		105mm×105mm	:構造用集成材	〃
合板・面材	床		28mm	:構造用合板	
	屋根		12mm	:構造用合板	
	壁		構造用耐力面材:大建　ダイライトMS　9mm		
制震装置			油圧式制振ダンパー　evoltz（L220/S042）		

※浴室まわり・外周の土台・大引、柱・間柱・筋違の地盤面より1m範囲は防腐(K3相当)・防蟻処理

■断熱材

項目		仕様
小屋		[redacted]熱抵抗値 4.66㎡・K/W)
1階天井		設定なし
壁		ダブル断熱[redacted]5mm)：ネオマゼウス 合計 厚90mm(熱抵抗値 5㎡・K/W)
床	外気に接する部分	ウレタン吹付け断熱　厚160mm(熱抵抗値4.66㎡・K/W)
	その他の部分	フェノールフォーム保温板　ネ[redacted]抵抗値 4.75㎡・K/W)

■内部仕様

部位	ポーチ	玄関	階段室	ホール	ＬＤ	洋室
床	300角　磁器タイル貼		プレカット階段 永大産業《スキスムS階段》 朝日ウッドテック《ライブナチュラル》	カラーフ 永大産業：スキ 朝日ウッドテック《ナチュラ		
壁	ビニールクロス 厚12.5mmPB下地					
天井	ビニールク 厚9.5mmPB下地					
造作材	LIXIL：クッション巾木					
廻り縁	設定なし					

このような行動をすることになるだろう。知識を習得するための行動が「社内試験」（図43）に集約されていて、専門知識を習得する上で最も良い方法だという理由がそこにある。会社側が一方的にさせているようだが、実は新入社員から受ける質問の中で最も多いのは「専門知識を持っていないんですけども大丈夫ですか？」である。つまり、専門知識を持っていないことに対する不安だ。

確かに知識がないことによる不安は大きい。**社内試験を積み重ねていくことによって、専門知識がないという不安は解消される**。そして自信を持ってお客様に話ができるようになる。社内の共通言語ができるなどメリットは大きい。

具体的な実施方法はこうだ。試験している姿をZoomに映し、制限時間がきたら速やかにデータをＰＤＦ（またはスマホで写真）にし、LINEで採点担当に送る。試験結果は即日公表だ。

繰り返すようだが、**ロープレと同じく、毎月開催するということが試験の質よりも重要だ**。１年に１回の試験では効果は感じられないだろう。

7. 契約は電子契約で行う

契約というと必ず書面に記名と押印をしなくてはいけない。そう考えている人もまだいるかもしれないが、書面や押印は今後ますますなくなっていく可能性が高い。

２０２０年10月時点で、上半期は１１１件のご契約をいただいたが、そのうちの**80％以上が電子契約になっている**（図44）。

なぜここまで急速に電子契約が進んだのか？　これは、お客様と工務店双方にメリットがあるからだ。

お客様のメリットは、わざわざ契約をするということに面談の時間をつくる必要がなくなること。さらに原本は、紙ではなくデータになるため、「書類をなくす」ということがなくなる。**保管することから解放**され、安心だ。そして、パソコンを持っていない方でも、スマホで承認をすることができるため、普及が進んだ。

現時点では、紙の契約書だとかかる印紙代が、電子契約の場合は不要になる。この**印紙代が不要**になるのは工務店も同じだ。

次に工務店のメリットを見てみよう。

図44　電子契約用の請負契約書（1枚目）

本来はここに印紙を貼るが不要

工事請負契約書

（電子契約のため印紙・押印不要）

住宅ローンを利用するために、この文言が必要

注文者:　[redacted]

請負者:　株式会社あいホーム

上記、工事の施工について、次の条項と添付の工事請負契約書、設計図、見積書、仕様書に基づいて工事請負契約書を締結する。

1. 工事名:　[redacted]様邸新築工事

2. 建築地:　[redacted]

3. 請負物件

構造		木造軸組 在来工法
商品形式		高　品　位　の　家
面積	階別	2　　階
	1F	62.10 ㎡　（　18.79 坪）
	2F	47.20 ㎡　（　14.28 坪）
	延床面積	109.30 ㎡　（　33.06 坪）
	施工床面積	114.20 ㎡　（　34.55 坪）

4. 資金計画

資金の種類	金　額
自己資金	[illegible] 円
借り入れ	[illegible] 円
	円
	円
	円
合計	[illegible] 円

5. 工期

着工日	2020年　3月　10日
完工日	2020年　8月　10日
引渡日	2020年　8月　12日

[redacted]

ここに「書類ID」が自動で入る

図45　電子契約用の請負契約書（４枚目）

本契約の成立を証するため、本書の電磁的記録を作成し、当事者が合意後、Eメール認証の方式で意思確認をし、各自その電磁的記録を保管する。

住宅ローンを利用するために、この文言が必要

令和2年12月12日

注文者

[redacted]

[redacted]　印

本来はここに押印するが不要

請負者

宮城県富谷市大清水1丁目31-6

株式会社　あいホーム

代表取締役　伊藤 謙　印

本来はここに押印するが不要

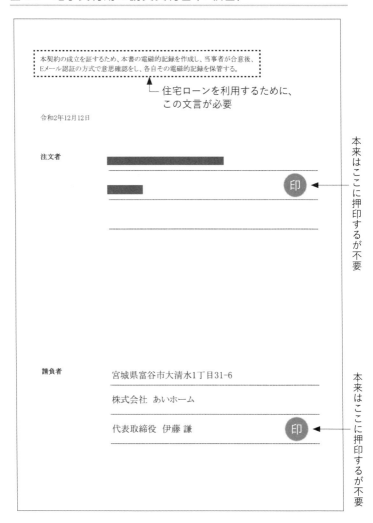

紙の保管が必要なくなる。印紙代がかからない点ではお客様と同じメリットを享受できる。契約書は2部作成する必要があるので大量の印刷代がかかる。

さらに、印刷をして製本をして、代表者の印鑑を押すまでの作業を考えると、**時間的なコスト削減にもつながる。**

休日をしっかりとりながら、工務店経営をするとなると実働できる日は意外に少ない。担当者が社長に契約書の押印をもらいに行く時間調整などをなくして、お客様へのサービスに時間を配分すべきだ（図45）。

現在、住宅ローンを利用する上では、わずか一部の銀行を除き、ほとんどの銀行が電子契約の書類で、審査は問題ない。税務署への提出も実際に問題なかった。取り組まない理由は一つもない。

わが社では**CloudSign**（クラウドサイン。https://www.cloudsign.jp/）というサービスを利用している。非常にシンプルな操作で電子契約をすることができるし、相手先の契約書のフォーマットに合わせることもできるので、今後も長期的に利用し続けるつもりだ。

8．稟議書の押印、書面を廃止し電子化する

契約書に続き、社内の稟議書についても考えてみよう。稟議書の内容は、建設資材の購入、普段やらないような広告宣伝費の可否、店舗の装飾品の購入などがある。費用対効果を考えず、無駄にコストがかかっている状態を防ぐのがわが社の稟議書の役割だ。

承認者が1人の場合は問題ないが、2人、3人、4人、5人以上と複数いる場合は、稟議書は全て回るまでに1週間かかる。時々、「町役場などで回覧するのに2週間ほどかかる」ということを言われるが非常に疑問だ。

きっと誰かが、「回覧を止めている」ということがおおかたの現実であろう。**スムーズに稟議書が回っていることを見える化する意味でも。稟議書の電子化はスピーディーな経営をする上では欠かせない要素だ。**

わが社では**承認Time**（承認タイム。https://shonintime.sbi-bs.co.jp/）というシステムで稟議書を電子化している。稟議を上げる人の手間を最小限にして、承認者がどこにいても**誰が何時に承認したかが一目でわかる**ようになっている。これを導入したことで、社内稟議にかかる時間は1日になった。社内稟議が1週間以上かかるという工務店は、これに

取り組むだけで組織のスピードが一気に上がる。

9. 1人1台iPhoneで、どこでも仕事ができるようにする

２０１７年12月に社員全員が１人１台iPhoneを持ち、いつでもどこでも仕事ができるようにした。**１人１台iPhone**を持つことによって、何が起きたか？　想像していた以上に組織に大きなインパクトをもたらした。心からお勧めしたい。

iPhone導入のきっかけは**LINE WORKS**だ。LINE WORKSについては次項（１８８ページ）で詳しく書くつもりだが、利用するには１人１台スマホを持つ必要があった。

それまではガラケー（ガラパゴス携帯）を支給していて、社内のやりとりがあると電話でコミュニケーションをとっていた。

ガラケーとスマホの大きな違いは、できる「仕事の幅」だ。スマホなら図面を確認できるし、写真、名刺、動画などを大量に持ち歩いている状態になる。メールの確認も会社に帰らないとできないということがなくなり、よりリアルタイムにメール確認ができるよう

になった。

何より大きいのは、固定電話での連絡が不要になったことだ。特に、本社のように勤務する人数が多い場合は、効果絶大である。支店から電話がかかってきて「○○部長はいらっしゃいますか？」「ちょっと今席をはずしています」「ではまたかけなおします」などという電話による取次時の不在が1日に何度もあった。

これが**1人1台iPhoneを持つことによって、全てダイレクトに連絡することになった。**社内の電話は固定電話ではやりとりをしない。コミュニケーションの無駄がなくなり、時間を有効に使えるようになった。

わが社に視察に来られた企業の担当者の多くから、「アットホームですね」「横の連携が強いですね」とお褒めの言葉をいただく。良い住宅を建てるには、横の連携が強くなければならない。コミュニケーションをしやすくする最低限の環境として、**1人1台スマホはこれからもっと重要性を増してくる**はずだ。

わが社の場合、**購入型ではなくレンタルを利用している。**理由は1つだ。建築現場で故障した場合、レンタルのほうが驚くほど復旧が早い。連絡をすると翌日には新しいiPhoneが届く。これはリスクを最小限にする上で必要なことだ。

iPhoneは毎年のように進化する。3年も利用すると古い機器を使って仕事をすることになるので、3年に1回は新しいモデルに変えることを想定している。２０２０年12月には、最初に導入したiPhone 8からiPhone 12へ機種変更した。**動画や写真の時代にカメラの性能向上は仕事に直結する。**また、バージョンがアップすると、よりクイックに操作できるようになるため、仕事の処理も速くなる。

10. チャットで固定電話の利用を大幅に減らす

この10年で最も大きなインパクトをもたらしたのは、チャットコミュニケーションだ。**お客様満足、生産性、社員間の連携など、あらゆる分野に大きなメリットをもたらした。**

２０１７年12月に１人１台iPhoneを導入した時に、同時にLINE WORKSを導入した。

LINE WORKSとは、チャットコミュニケーションサービスだ。法人向けに提供されているLINEだと思ってもらえばいい。しかも、お客様がよく利用している個人向けのLINEとも、全く同じようにやりとりできるので実際に導入する際に**導入研修というのは**

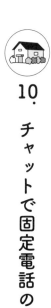

一切していない。初期設定さえすれば、すぐ使える。

チャットを使ってコミュニケーションするようになって、電話は圧倒的に少なくなった。導入の目的は、「**言った言わないをなくすこと**」だった。家づくりをスタートしてから、住宅が完成するまでに1年もの長い期間を要する。**様々な電話でのやりとりや面談でのやりとりが発生し、全てを書面に記すことに限界があった。コミュニケーションそのものをチャットに置き換えることによって、打ち合わせをしながらメモを残す状態になった**のだ。そのメモを後からキーワード検索までできる。

さらに、法人向けサービスなので、やりとりは全て記録されており、緊張感も生まれる。わが社メンバーが誤って伝えたことなども記録に残るので、お客様のご要望やわが社側のミスなどもさかのぼって確認することができる。これはお客様の大きなメリットだと考えている。

また、家づくりを進める上で、どうしても**個人情報である重要情報をLINEでやり取りすることにもなる**。その際、個人用LINEでやりとりをしていたのでは、セキュリティーの問題で何か情報漏洩があった際に責任がとりづらい。**LINE WORKSの導入でコミュニケーションをとりやすくし、さらにセキュリティー面でも安心しながら家づくりを進められ**

る。

導入目的は叶った上に、意図せずに効率が上がる現象が起きた。**電話をする時間が少なくなった**のだ。相手の時間を奪わずにやり取りできるので、組織の一人ひとりの時間が有効に使われている状態になる。さらに**メールのように宛先や件名等を入力する必要はない。情報共有をすることもより活発になった。**一度に5〜10人のチームに対して、お客様の状況を毎日のように活発に情報共有できている。

ただ、LINEにも問題がある。文字でのやりとりのため、感情が伝わりづらい。そのため、**「コミュニケーションが良好かどうか」に意識を向けながら、電話や面談をバランスよく入れていく。**相手が望んでもいないのに、チャットコミュニケーションを押し付けるのは良くないが、メインはLINEで充分だ。

11. 勤怠管理はWEBで行い、タイムカードを廃止する

10年前に入社した時点では、紙のタイムカードを押していた。厚紙を機械に入れてガ

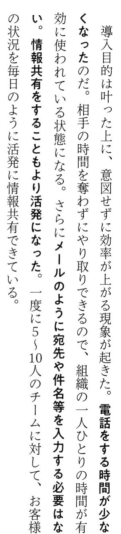

チャっと出社時間を打刻する機械だった。「打刻された時間を集計する仕事」が当時はあったのだろう。当時あった仕事の多くが、ＩＴに置き換えられていき、その時間がより有意義な時間に使われるようになっている。

今は**ＷＥＢ上で出退勤の打刻をする**（図46）。出社をすると、まずパソコンの電源を入れて「打刻」を押す。そうすると、出社ということになる。直行の時や直帰の場合もあるので、外で自分で入力する方法もとれる。いつ仕事をしているのかを記録することが大事で、これがデジタルで行われることにより、「あと何日有給休暇があるのか」とか「休日に出勤した分を別で休む日にち」の計算なども勝手にシステムがやってくれる。

この出退勤の管理に時間がかかればかかるほど、お客様に対応する時間が減るということになる。**お客様にメリットが発生しない業務については、できるだけ短時間で人の手を使わないでも正確にできる仕組みが望ましい。**

わが社では**MINAGINE**（ミナジン。https://minagine.jp/）という勤怠システムを利用している。様々なシステムがあるので、自社で利用している他のサービスや自社の業務フローに合わせて検討してもらいたい。

図46　WEBでタイムカードを管理

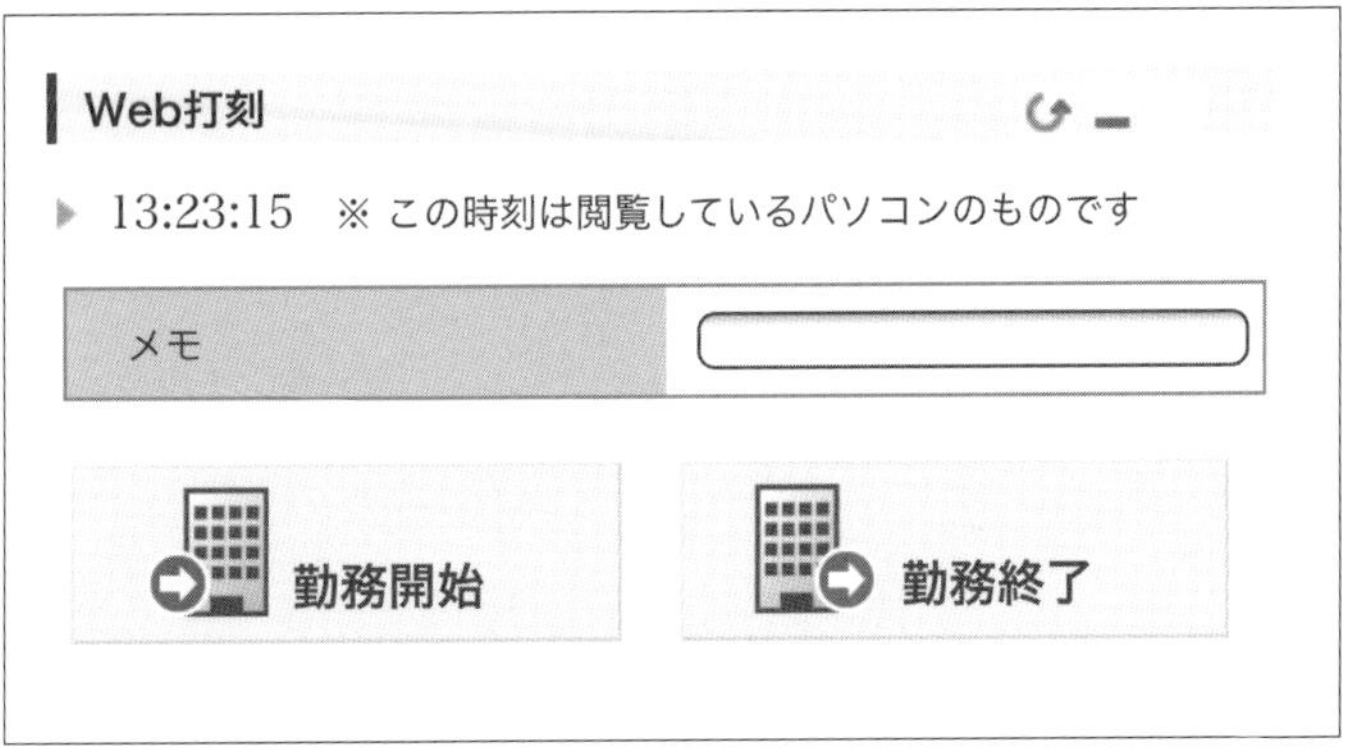

図47　給与明細をペーパレス

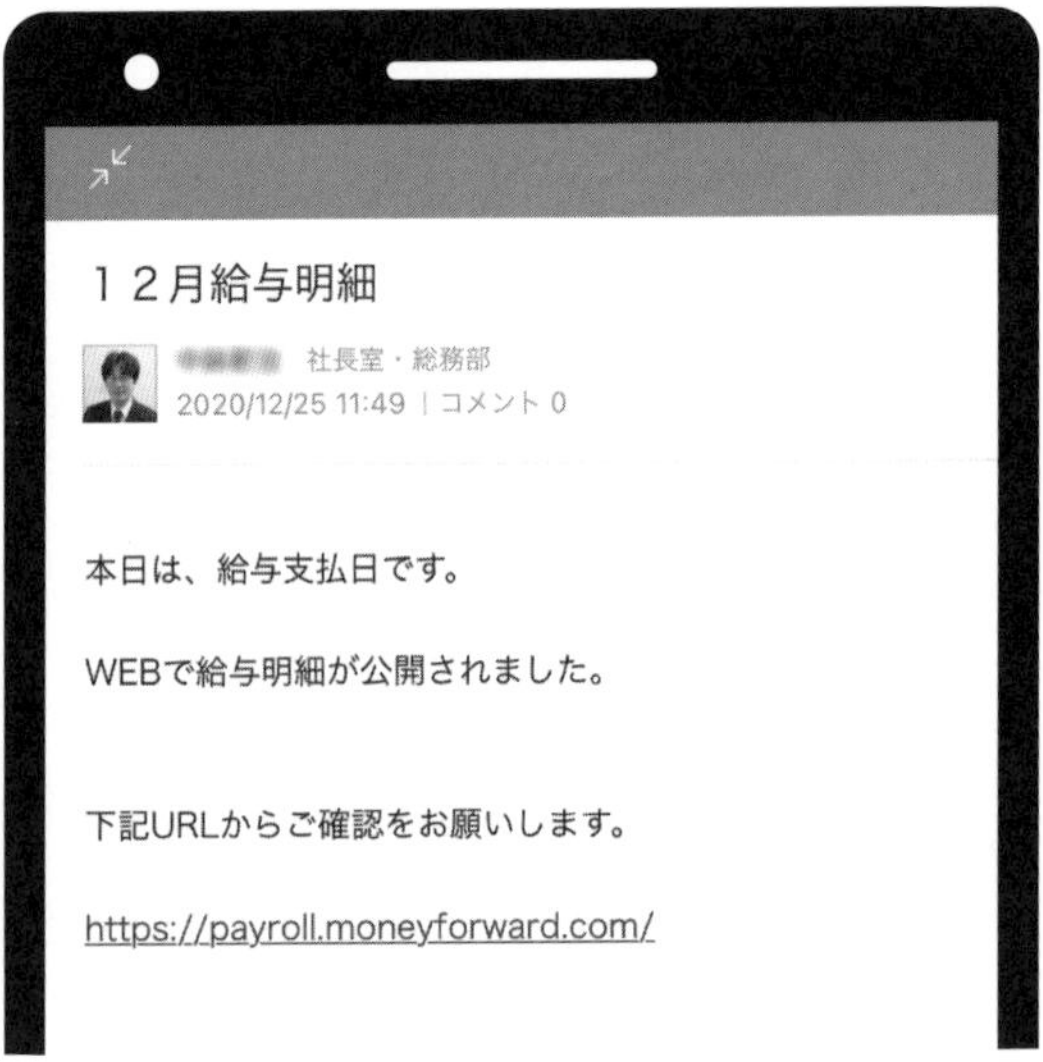

12. 紙の給与明細をやめる

月末の給与支給日に、給与明細などの紙は一切発行されない。社員一人ひとりに個人が確認できる用のパスワードが発行されていて、月末になると給与明細をパソコン上やスマホで確認できるようになっている（図47）。

給与明細を紙でもらうことに喜びを感じる人も、まだまだいるかもしれない。メールやチャットよりも、直筆の手紙のほうが嬉しいという話と似ている。そういう感覚はとても大事なので、直筆で「ありがとう！」「よろしく！」などと短い文でも書くようにしている。ＩＴ・デジタル化が進めば進むほど、人の手で書くものの価値が上がるはずだ。絵を描くのが好きだし、字を書くのも好きなので、徹底的にＩＴ化を進めながらも、**手描きや手書きの活用も模索していく**考えだ。きっと素晴らしい活用アイデアがあるはずだ。

固定概念を外すのが難しい場合は、「やってみる」の逆で「やめてみる」というのも有効な方法だ。10年以上続けていることほど、やめた時の学びや気づきが多い。圧倒的に実践する経営は、「やってみると」と「やめてみる」を高速に回す感覚である。

13. 社長メッセージ動画を月初に社内配信する

社長の考えを社員一人ひとりに伝達するためには、どんな工夫があるだろうか？　社長になる前からこの問いをずっと考えてきた。年に2回、全員で社長方針発表を聞くというだけでは、社長の考えを理解することが難しいと感じていたからだ。

毎日のように社長には新しい情報が入り、新しい人との出会いがあり、考え方も進化する。これを社内メンバー一人ひとりに伝えたい。

そこで、1人1台スマホを持っていること、LINEで一人ひとりに届けられることをヒントに、**月初に社長メッセージ動画を送る**ことを思いついた。

その月にあったいいこと、改善すべきこと。どんな未来にしたいか。自分の好きな時間に見られるように、毎月1日の朝に3分動画を自分で編集して、全社員に送っている。

この動画で気づいたことは、毎月のように社内には「**喜びをみんなで共有したいこと**」が起こっているということだ。一部の人しか気づいていないがとても素晴らしい結果を出してくれているメンバーがいる。そういう情報こそ、全社員一人ひとりに届けたい。

図48　毎月配信する社長メッセージ動画

１ヶ月を振り返ると、組織の成長をより実感できる。努力して生み出した成功事例、全社員で共有したい喜び、緊張感や危機感まで伝えることができる。本当に大事なことが、鮮明になり翌月の取り組みに勢いが生まれる。

社長メッセージ動画の可能性をさらに感じるのは、これから組織の人数が増えても、どんな年齢の人が入社しても、スマホとLINEさえあれば一人ひとりに確実に届けられることだ。風邪をひいて休んでいる人にまで届けられる。参考までにどんな動画を送っているのかという実例を共有しよう。全てiPhone 1台で動画編集をしているので、誰でも簡単にできる。動画編集には**InShot**（インショット。http://apple.co/3dkCL0T）というアプリを利用している。作成時間15分ほどで、最低限のものができるので重宝している。2020年9月末に社内に送った「社長メッセージ動画」を共有させていただく（図48）。

14. デジタルカタログを提供する

カタログ請求をしていただいたお客様には必ず、「**デジタルカタログ**」（WEBカタログ）のダウンロードもサービスとして行っている（図49）。なぜなら、**カタログを請求したその瞬間が最もカタログを見たい時**だからだ。カタログ請求をする申込フォームから入力し、申込をした直後にデジタルカタログをダウンロードできるURLがお客様に送られる。

図49　WEBカタログをすぐ届ける

そのため、**郵送物が届く前に見たい情報見ることができるし、紙でもカタログが届くのでお客様が印刷をする必要もない。**

お客様によっては、スマホでデジタルカタログを見ることで、わが社宛に特定のページをスクリーンショットで送ることもできる。言葉だけでのコミュニケーションでは伝えづらいことも、お互いがデジタルカタログを共有していることで実現可能になる。

15. GPSでリアルタイムに車両管理をする

GPSによる車両管理を実施している工務店にあまりお目にかかったことはないが、車両管理は工務店にとって非常に重要なものだ。お客様の土地そのものが製造現場である住宅建築は、必ず車での移動が発生する。1日の時間配分を考えた時に、車の移動に使われる時間は、特に現場監督において最も大きいと言える。現場にいる時間よりも、車に乗っている時間のほうが長いということもある。

わが社では10年前からGPSによる車両管理を導入していたが、当時はまだ初期コスト

図50　リアルタイムで走行中の車を見える化

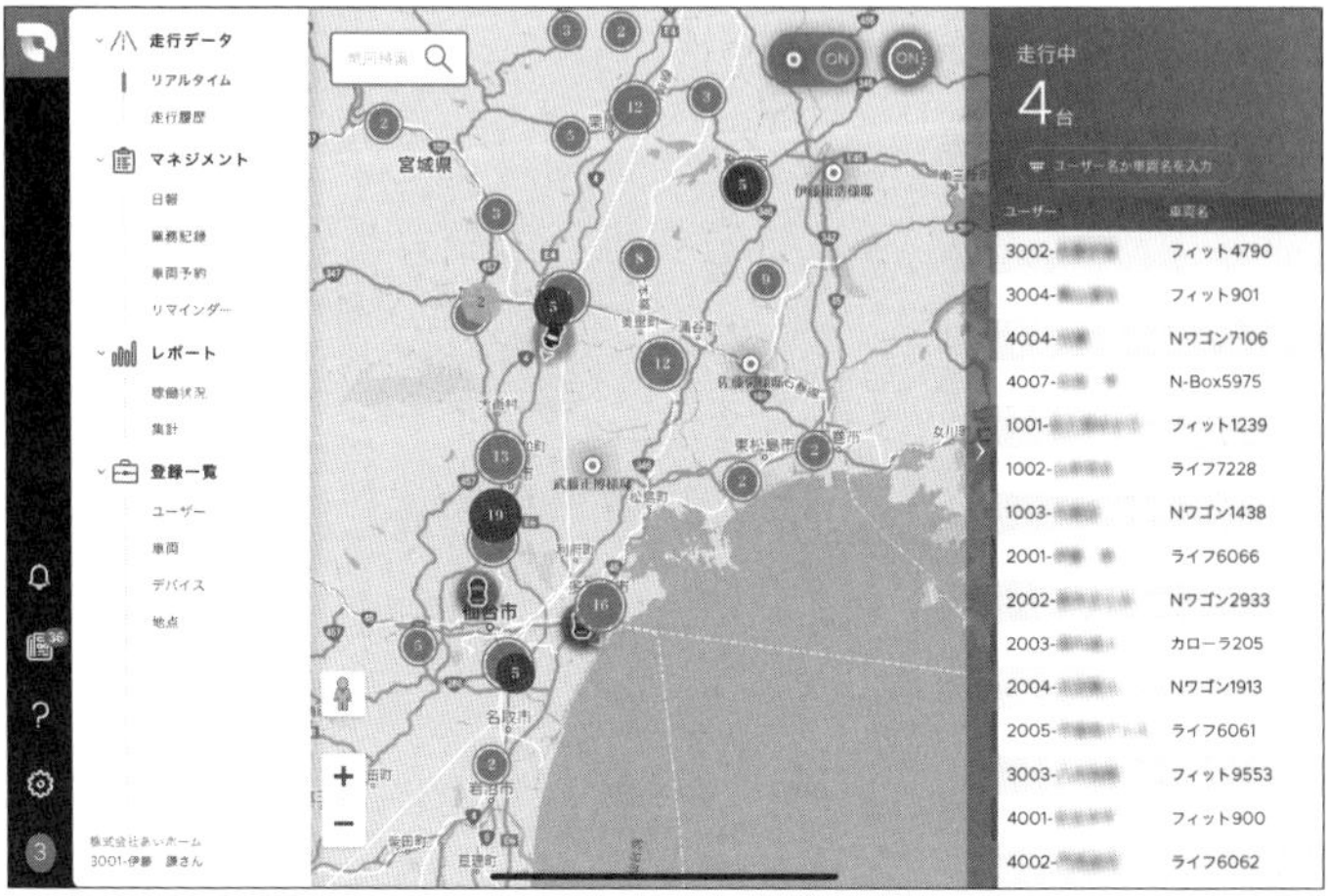

が高かった。導入のハードルがあったが、**少人数で生産性の高い工事部門を実現**するために運用してきた。

10年経った今となれば、導入コストも下がり、ＧＰＳによる車両管理はすぐにでも取り入れることができる。わが社が現在使用しているサービスは、**SmartDrive Fleet**（スマートドライブフリート。https://smartdrive.co.jp/）というものだ（図50）。

実際にわが社のデータを紹介しよう。SmartDrive Fleetを導入し、２０１９年の社用車全体の**移動時間は１年間合計で１万５２５８時間**。距離にすると、52万４９６０ｋｍだ。とんでもない量の時間が「移動」に使用されている。

図51　安全運転で表彰された社員

SmartDrive Fleet
あいホーム
株式会社あいホームが他社のサービスから乗り換えて変わった「安全運転への意識」
コスト削減
安全運転強化

勤務時間に対して移動時間が占める割合を考えなければ、本当の生産性改善には至らない。

ただ何となく「移動時間が少なくなった」と感覚で捉えるのではなく、数字で現状を把握し、本当に移動時間が効果的に品質向上や顧客満足に直結しているのかを考えてみよう。

ＧＰＳによって車両管理をしていなければ、誰がどれぐらい移動時間に使っているのか全くわからない。生産性を本当に高めようとするなら、ここはクリアにしていくべきだと考える。

また移動時には危険も伴う。居眠りなどをして事故を起こさないように、わが社では眠気が出たら車を止めて休むことになっている。

無理に移動時間を短くしようとスピードを出す必要もない。眠い中で運転しても誰も喜ばない。

大事なことは、**移動にどれぐらいの時間が使われているのかを客観的に知ること**だ。自分が思っているよりも使われていることがほとんどだろう。安全運転のスコアも出してくれるので、楽しく取り組める。

わが社のアフターメンテナンス担当の伊藤は、スマートドライブ社から表彰を受けるほどの安全運転スコアで表彰された（図51）。交通事故で仕事ができなくなることは、非生産的だ。長期的に事故がない状況をつくる上で、ＧＰＳによる車両管理は必要不可欠である。

16. 建築現場管理表をＷＥＢシステム化する

建築現場を管理するためにExcel（エクセル）を利用している工務店は多いはずだ。**クラ**

図52　自社で構築した現場進捗管理表

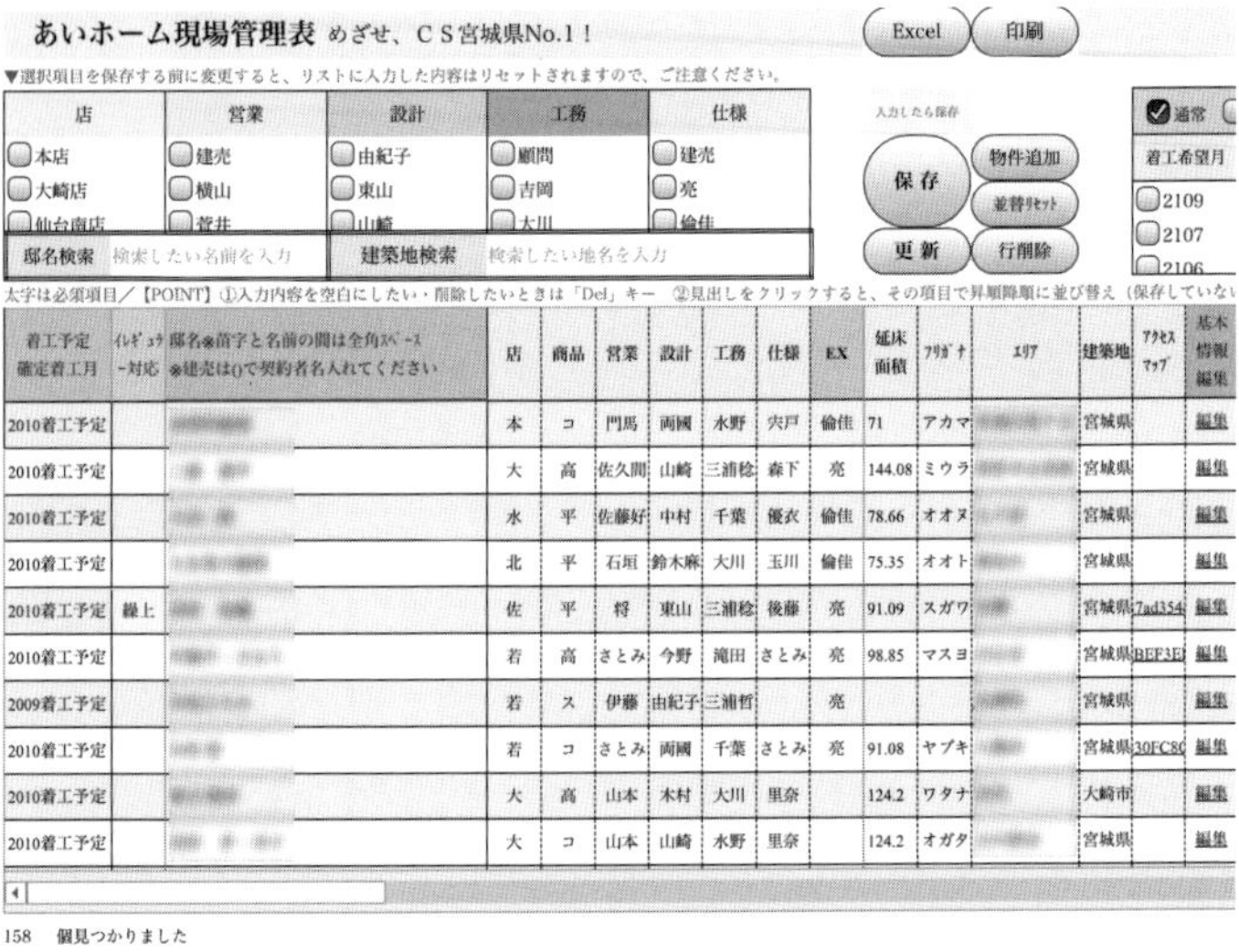

「最も大事な情報」を、全員が確認しやすく、全員が入力しやすくする。そのため、何度も何度も修正をして磨いてきた。実際に使いながら改善を繰り返すことでしか、本当に実践的なシステムは構築できない。必ず改善をやり続ける前提で、システム導入すべきだ。「情報共有」は口で言うのは簡単だが、実践するのは極めて難しい。覚悟を決めて根気よく取り組む分野である。

ウドを積極活用している工務店の場合は、スプレッドシートを活用しているというところもあるだろう。

わが社は2018年まではExcelを利用していた。お客様にご契約をいただいたらExcelに物件を入力し、お客様との打ち合わせ、地盤調査、建築確認申請、着工、上棟、検査などの日付を入力していく進捗管理表だ。

Excelで十分だと思うかもしれないが、継続的に同じデータでExcelを使用していくと大量の建築現場データがExcel内に保存される。そうするとよく「Excelが壊れる」という事故が発生していた。

さらに、1つのデータを複数のスタッフが入力したり保存したりするので、データ入力のタイミングも工夫が必要だった。

建築現場を管理するデータは、工務店の最も重要なデータといっても過言ではない。そこで取り組みはじめたのが「システム化」だ。

システム化とは、進捗管理をする自社独自のシステムをつくってしまうこと。**自社に合わせてつくるため、無駄がなく、そしてExcel以上にデータが強固に保管される。**これをつくり上げてからというもの、データが壊れたことは一度もない。

わが社では**forguncy**（フォーガンシー。https://www.forguncy.com/）でシステム化を実現した（図52）。

このサービスは、プログラミングを知らなくてもシステムをつくることができる。**自社スタッフのみで、建築現場管理表をつくり上げた。運用しながら、カスタマイズしていくこともできる**し、実際に業務に合わせたシステムができる。

forguncyというサービスに出会ったのは２０１８年5月。すぐに導入を決定した。7～8月で自社開発。9月に運用スタート。**Excelと見た目が同じなので、一瞬で社内に浸透した。**

目安として、年間の建築棟数が50棟未満であれば、**すぐに使える「建築現場管理システム」**を購入するほうが早い。50棟以上の場合は、独自のシステムをつくり上げるほうがコスト的にも、現場の生産性的にもいいだろう。

17. ホワイトボードの行動予定をオンラインに切り替える

図53　WEBホワイトボード

工務店視察で勉強しに行く機会が時々あるが、壁に貼られたホワイトボードで行動予定を管理するのをよく拝見する。わが社も同じことをしていたが、今はオンライン化して、**行動予定の管理をＷＥＢ上のホワイトボードで行っている**（図53）。

ホワイトボードの役割は、外出予定を社内に共有すること。社内にいるのか、社外にいるのかという情報と、どのあたりにいるのかということが明確になる。何時頃に会社に戻る予定か、直行するのか直帰するのかもホワイトボードで確認する。

もしホワイトボードがなければ、いちいちその人に今何をしているのかを聞かなくてはいけない。後どれぐらいで会社に戻ってくるのかを聞かなくてはいけない。forguncyでシステム化をしている。
こういう**細かい情報共有があるから、チームワークが磨かれる。**どんなやり方でも良いが、組織が機能するためには情報共有をいかに円滑にするかがカギとなる。

18. 社内の改善提案が集まる仕組みをIT化する

個人的な経験として、会社が変わるきっかけは、**1人の社内メンバーが素朴に思った改善提案（改善アイデア）**から始まる場合が多い。そのため「これは改善したほうがいい」と思ったことをすぐに会社に提案する仕組みが必要となる。

僕が入社をした頃から「改善提案制度」というものがあり、年間500件以上の改善提案が出され、その改善案が実行に移されてきた。

改善提案といっても、小さい改善から大きい改善まである。アイデアそのものを否定しても始まらない。とにかくアイデアをたくさん出すことが大事だ。

改善提案を出すプロセスとしては、会議の時に口頭でアイデアを出し合っていた時代が

図54　改善提案を集計するシステム

部署	件数
本店	67
大崎店	39
若林店	60
水族館前店	56
加美店	0
佐沼店	60
工務部	63
設計部	30
総務部	2
購買部	52
EX事業部	53
不動産コンサル	6
平屋北	74
平屋南	47
PM室	29
CS部	0

	名前	部署	件数	目標
1	相原	水族館前店	5	
2	青木	総務部	2	12
3	秋山	PM室	9	16
4	阿部朱	EX事業部	12	10
5	阿部	工務部	9	24
6	阿部倫	EX事業部	7	15
7	石垣	平屋北	49	50
8	伊勢野	平屋南	5	
9	社長	不動産コンサル	0	77
10	伊藤将	佐沼店	10	24
11	伊藤崇	若林店	9	15
12	伊藤竜	CS部	0	15
13	伊藤亮	EX事業部	11	30
14	江刺	購買部	10	12
15	大川	工務部,大崎店	9	12
16	太田	若林店	13	24
17	尾形	大崎店	0	
18	菊地	PM室	13	10
19	喜多	PM室	7	25

ある。今はＷＥＢ上で改善提案を出し、それを集計する仕組みができた(図54)。なお、システム開発は前述のforguncyを用いている。

改善提案は出せば出すほど会社の愛着も上がるし、社長が自分では気づけない会社の実態を知ることができる。素晴らしい仕組みなのでもっと磨く必要がある。

裏話をすると、５００件以上も改善提案が出されているが、その提案が全て改善されたとは現時点では胸を張って言えない。「出しっぱなし」という現実とも向き合う必要がある。

この本に書いた全てに一貫して言え

るのは、成功事例を書いている意識はないということだ。
誰よりも行動に移した体験の共有こそが、この本を読む方に価値があると考えている。
これからも飽くなき改善を続けていきたい。

19. 施工中の現場をスマホで〝見える化〟する

建築工事が終わると、壁の中やコンクリートの中は見ることができなくなる。毎日建築現場に訪問して、職人の作業を目で確認しながらやっていたのでは、現場監督の力量によって品質に大きく影響が出てくる。職人の立場になっても、現場監督がずっと自分の仕事を見ているよりは、必要な打ち合わせをしたら離れていたほうが集中していい仕事ができるはずだ。

高品質な住宅を建築するために、チェックリストを使って品質に関わる部分を目視でチェックしてきた。やれることはやってきた。**大切なことのチェックだが画期的に変化があったのが、進行中の工事現場をスマホで撮影するようになってからだ**（図55）。

図55　日々、施工現場アプリで社員の撮った写真を投稿

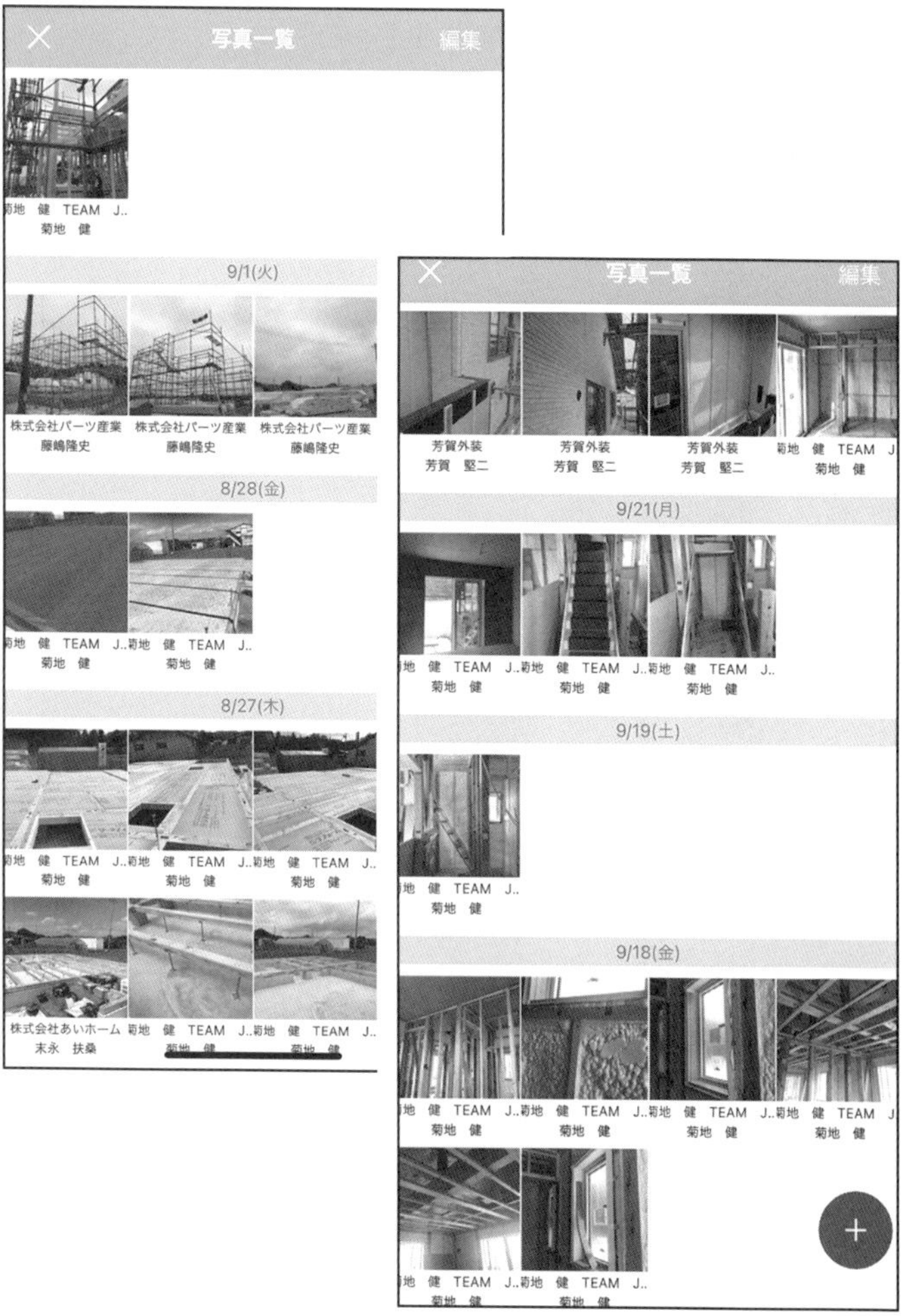

誰が撮影するのかというと、80％は工事を担当する職人だ。20％の重要な品質の部分は、現場監督がきちんと写真を撮る。スマホが普及する前はカメラで写真を撮り、そのカメラからデータをパソコンに移して写真を管理していた。

スマホはその作業を劇的に改善させた。

写真を撮ったら終わりだ。なぜなら**専用のアプリを使って写真を撮るから、撮影したものは即座に現場監督に共有される。**データをパソコンに移していた時代を考えると、飛躍的に現場の〝見える化〟が進んだ。

建築途中に、お客様から問い合わせがあるとしよう。その際、**今現在どのような建築状況なのかがアプリでわかる**ようになっているので、対応のスピードは格段に向上する。その写真は、**工事を完了させたら見えなくなる部分がほとんどだ。生活が始まった後でも、工事がどのように行われたかという大量の写真が残っている**のは価値のあることだ。

数ヶ月かかる建築工事ではあるが、一つひとつを見ていくと本当に職人が自分の手で住宅をつくっている。毎日の工事が職人の作品のようなものだ。1日の工事を多く写真に収めることをルールにしているが、自分の仕事がきちんとなされていることを証明する上でも、毎日の写真撮影はその役割を果たす。

わが社の場合**Kizuku**（キズク。https://www.ctx.co.jp/kizuku2_pr/index.html）というアプリを使い、**平均的に１棟当たり１５０枚以上の工事写真**が撮影される。お客様にとって、本当に安心できる現場の管理体制を磨いていく。

20. 同じバージョンのアプリケーションで統一化する

工務店がＩＴを活用する上で大事なことは、**全員が同じバージョンのアプリケーションを使う**ことだ。バージョンが違うことで、操作するボタンも違うし機能も違う。Excelを例にとると、Excel 2013とExcel 2019では機能や操作ボタンが違う。各拠点に詳しいスタッフがいれば別だが、使い方を説明する時に全く同じものであるほうが説明は簡単になる。

全員が同じiPhoneを利用するように、アプリケーションも統一することが望ましい。Word、Excel、PowerPointなどのMicrosoft Officeのソフトは、以前は買取型だった。それが**「サブスクリプション」（サブスク）という月額制のサービスも普及してきた**ため、人数分の月額費用を払い、みんなが最新の同じバージョンのものを使う。そうすることでバージョン違いによる不具合もなくなるし、説明をする時の工数（手間、時間など）を減らすことができる。

21. クラウドストレージを徹底的に活用する

社内サーバからクラウドストレージへと切り替える時に、どのサービスを使うかを検討した。選択肢は3つ。「Googleドライブ」「Box」「Dropbox」。それぞれを検討して最終的に**Box**（ボックス。https://www.box.com/）を導入した。

第2章でも詳しく書いたが、**データの保管場所をクラウドストレージにすることにより、いつどこからでもデータにアクセスできる**（図56）。それだけでなく、セキュリティ面が劇的に強化され、データ移動の履歴も全て残るため、社内不正なども抑止できる。社員数がケタ違いに多い大手企業が使えるレベルのサービスを、中小企業が使えるのも、サブスクリプションのメリットだ。

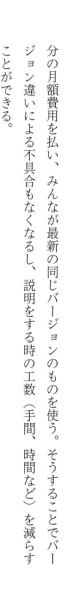

図56　クラウドストレージ「Box」で社内外からアクセス可能に

図面、見積書、契約書、写真、動画など、企業活動に必要なデータを全て保存しておける。Word、Excel、PowerPoint などについては、いつ誰が編集したのかが自動的に履歴を残る。情報漏洩の対策にもなっている。社外のカメラマンから納品される写真データなども、直接 Box に納品してもらう。究極の外部連携だ。

容量無制限はどのサービスでも同じだったが、「外部コラボレーション」という社外とのデータ共有機能がわが社に合っていると判断しBoxを採用した。どれを選んでもハズレはない。いつでもどこでも社内データにアクセスできるようにしながら、**情報漏洩などを未然に防ぐ監視体制も同時に実現できる。**

22. 名刺をデータ管理する

古くからの習慣としてカードサイズの名刺がまだ根強く残っている。そのため、カードをどのように整理するのかということに頭を悩ませている人も少なくない。

ある時から、**名刺を紙ではなくて、データで管理することにした**（そうすることもできるようにした）。紙で管理する人はそのままでもいいが、検索ができないし、整理するための時間も必要だし、なかなか時代に合わない。

わが社では**Evernote**（エバーノート。https://evernote.com/intl/jp）と**ScanSnap**（スキャンスナップ。https://scansnap.fujitsu.com/jp/）を導入し、名刺の電子管理をしてい

図57　Evernoteで名刺を１秒で検索

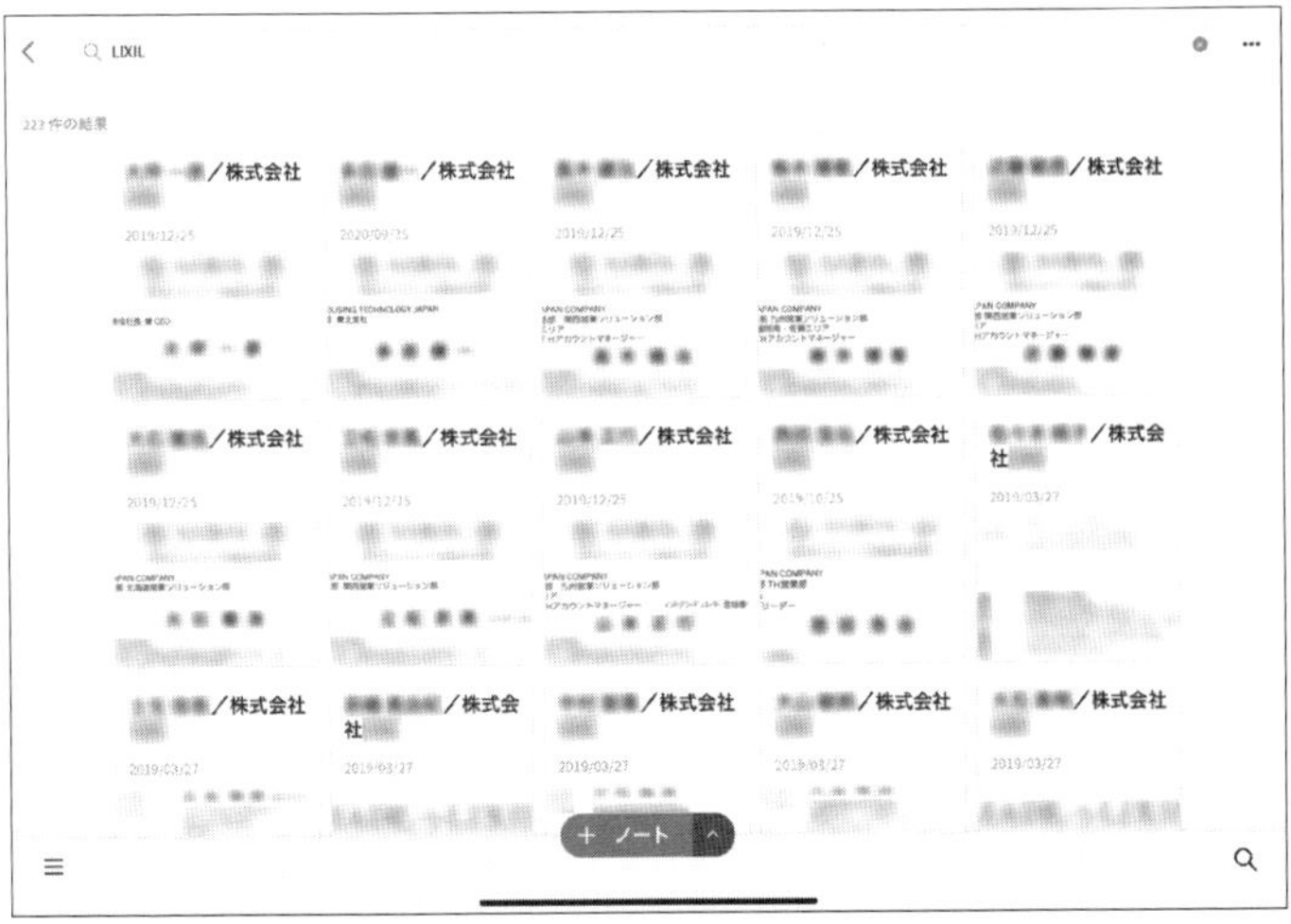

名刺をデスクの引出しに整理し、必要な時に探し出す。見つからない時はさらに時間がかかる。膨大な時間を浪費している。これらの時間が一切必要なくなる。スキャンしておくだけの簡単な作業だ。データ保管のため、社内メンバーへの共有もしやすい。名刺にかかる時間や手間を、最小限にする。組織で使えば効果絶大だ。

る。電子管理をしているので、チームで名刺を管理することもできるし、社名や電話番号、名前で検索もできる。「あの名刺を出したい」と思ったら、**検索すれば1秒で見つかる**（図57）。名刺の電子管理システムは増えてきているので、自分に合ったものを選択すべきだ。ペーパレス実現に向けて、まず名刺を電子化しよう。名刺は整理しなくていい。名刺は探さなくていい。

23. 図面の電子検索システムを開発する

住宅図面は全てゼロからつくるものだと思っている人が多いが、つくるものではなく探すものだ。工務店1社だけを考えても、1年間にいくつの図面を作成しているのだろうか？ わが社の場合は、1000プランは新規図面がつくられている。

これを10年続けたとすれば、1万プランだ。建てる土地によって設計は変わるが、1万の図面があれば、その土地に合った図面を見つけることができるのではないだろうか。

初めて家づくりをするお客様に対して、ご要望をお聞きした直後に、過去に建築した図

図58　図面の検索システム

面積、間取りタイプ、間取りの特徴、作成した年月日等で検索ができる。本気で打ち合わせを重ねた「住宅間取りの実例」なので、お客様と創り上げた結晶とも言える。要望に近いものをすぐに探し、初めて会ったその日から具体的な間取りの打ち合わせが実現する。10 プラン程度なら紙の図面でもできるが、「1 万プラン」で同じことをしようと思えば、紙では不可能だ。

面をいくつかご提示する。どんな間取りにするのかをイメージしていただくためだ。より詳しく理想の暮らしを聞くことができるようになる。

カタログのような紙で探すわけではない、**図面を電子化して、坪数、道路の向き、建物の特徴などで検索できるようにしている**（図58）。そうすることで、お客様のご要望を少しお聞きすれば5分ほどで即座に図面をご提示することができる。「お客様の暮らしに参考になりそうな間取りがございました」と、さらに詳しく家づくりについて話ができる。

ゆくゆくはこの**「図面検索システム」をお客様が自分で検索できるようにしていきたい。**そうすれば自宅でも、自分に合った間取りをじっくり検討できる。そして僕たち**工務店とより充実した打ち合わせができるようになる。**家づくりをするお客様は本気だ。本気で家づくりをするためのツールを積極的に開発していきたい。わが社は**Evernote**で実現した。

24. Excel集計を自動化する

自社の現状を客観的に把握する時、目標を立てる時、過去を振り返る時には、必ず数値

図59　集計の自動化でリアルタイムに実績を見える化

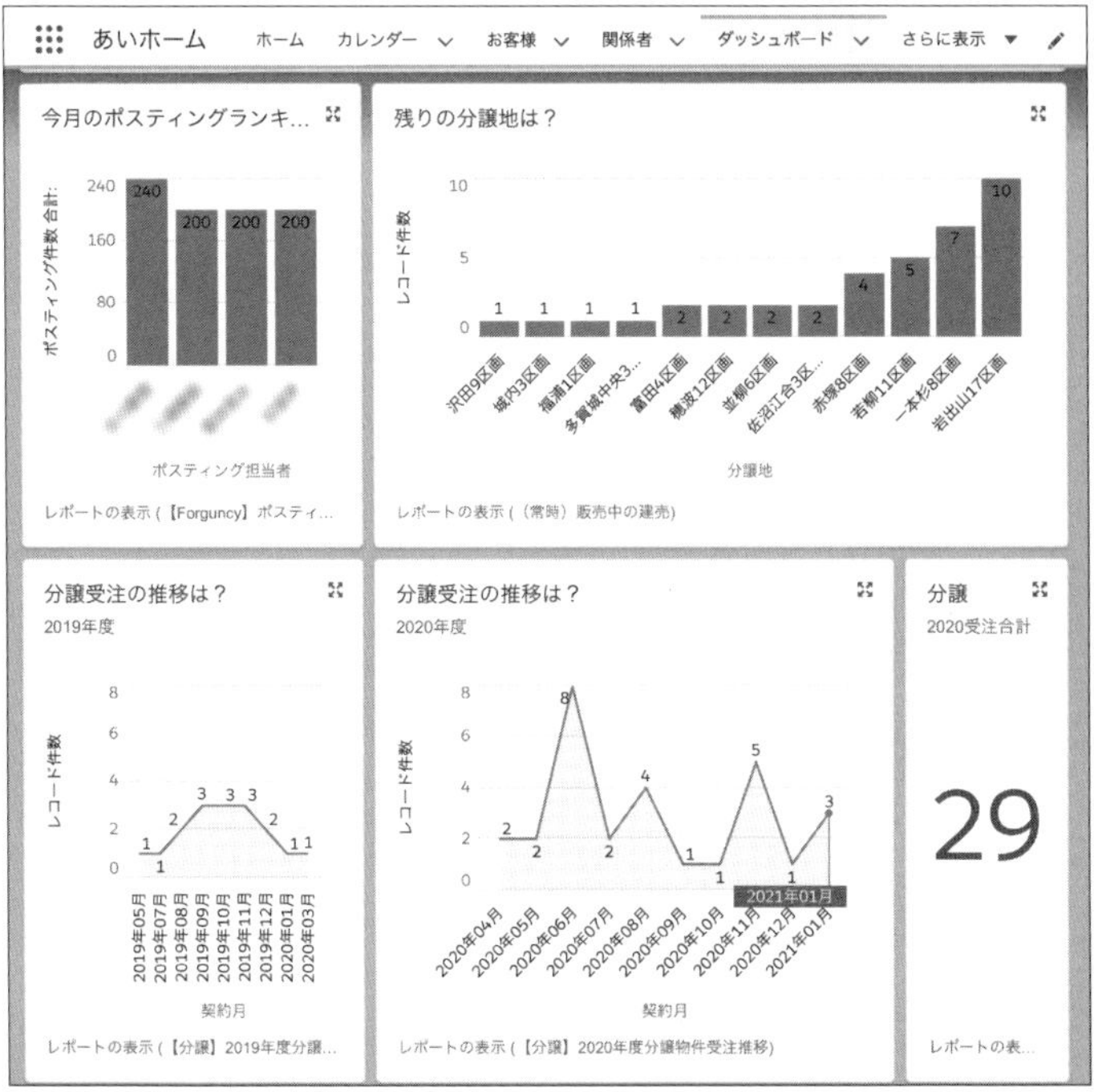

担当者がデータを入力した直後に、自動的に「グラフ」や「数字」が変わる。Excel を集計する担当者は集計業務がなくなり、そこにかかっていた時間はお客様満足に直結する業務に配分することができる。経営のスピードが上がることは間違いない。もうデータ集計をしていた時代には戻れない。

化をしている。数値化できないものは、具体的に次の対策を練ることもできないし、**数値化や計測できないものは改善できない**と考えている。

営業がお客様とする商談の数、今月いただいた受注の数、今月申請を出した建築確認申請の数、これまで引渡をした住宅の数など、月末や3ヶ月に一度、担当者が集計をして数値化する作業が発生していた。

その際、集計が少しでも遅れると、前の月の数字が出てくるまでに半月かかり、何の対策もしないまま次の月が終わっていく……。そんな繰り返しをしていたこともあった。

何とかこの集計作業をリアルタイムに自動化できないだろうかと考え、脱Excelを実現し、自動でリアルタイムに集計ができるようにした。

これをすることで、**担当者がデータ入力をした直後に集計数字が見られるようになった。**リアルタイムの実績数字を、担当者が入力した直後に把握できるので経営の判断スピードが劇的に向上した。数字で常に把握されている状態になるので、月が切り替わった瞬間に次の対策を即座に打てる。**集計作業を待つという状態を脱出することで、工務店の経営判断にデータが活かされるようになる。**

わが社ではSalesforce（セールスフォース。https://www.salesforce.com/jp/）というサー

ビスを利用し、集計を自動化している（図59）。

25. 全社員、ブラインドタッチの訓練をする

パソコンのタイピングについて、全社員がブラインドタッチできるように全員で取り組んだ。非常に地道なことだが、これは**全ての仕事の効率を上げる**。

メールでお客様や協力業者に文章を打ち込む。チャットでお客様と連絡を取り合う。資料を作成する。全てにおいてパソコンのタイピングが必要だ。ＩＴを徹底活用しようと決めたとき、全社員がタイピングのスピードテストをして、「**合格点をとらなければ追試**」ということを約2年続けたことがある（図60）。年齢は関係なく社歴も関係ない。全員が同じ合格点を目指すということだ。当時60歳を超えていた前社長が率先して取り組んでくれたことで、組織のＩＴスキルは飛躍的に向上した。なお、ＩＣＴプロフィシエンシー検定協会の**無料タイピング練習**（https://www.pken.com/tool/typing.html）がオススメだ。

笑い話だが、「1本指打法」といって右手と左手の人差し指のみでタイピングをする人も

図60　ブラインドタッチの検定に挑戦

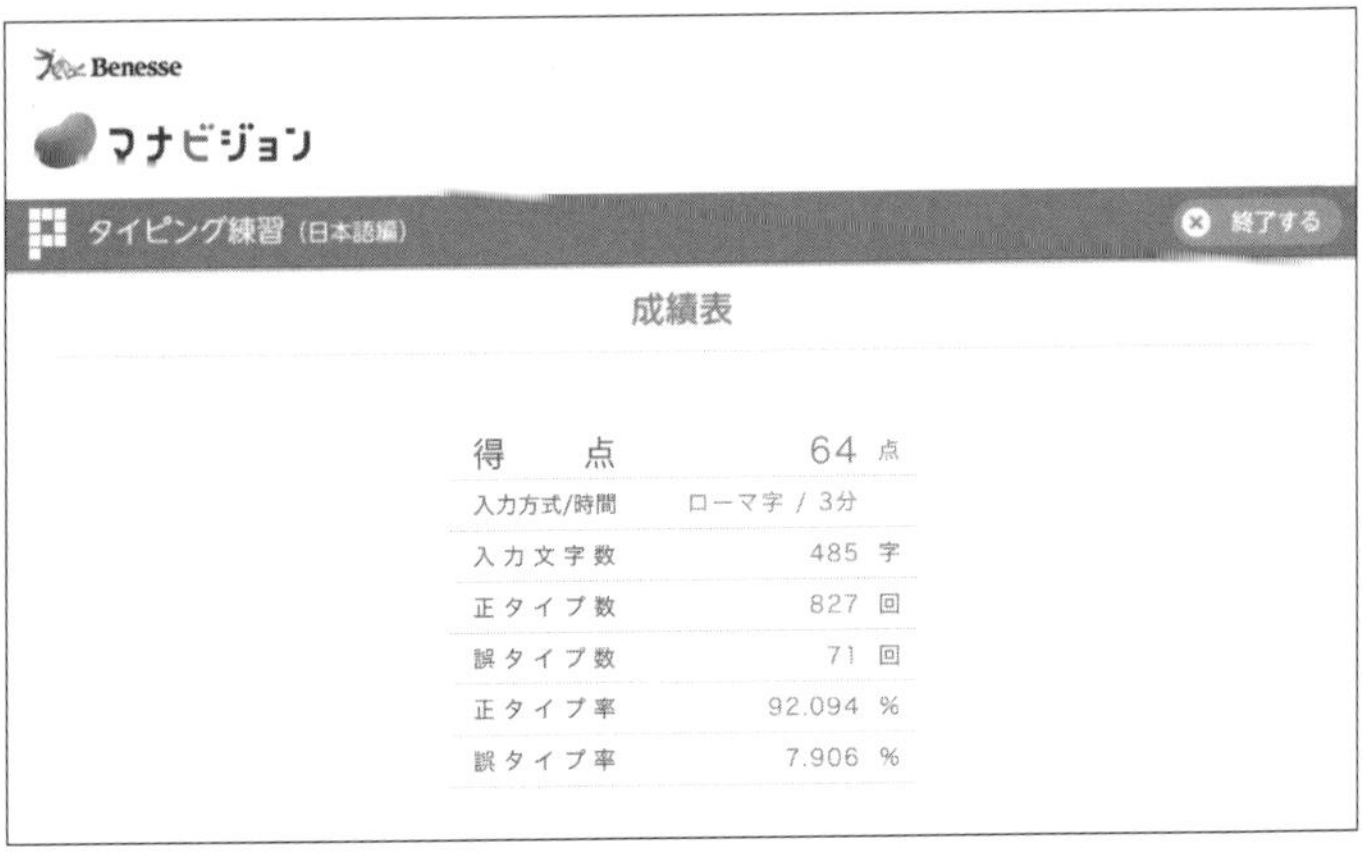

いたし、タイピングのテストの時に指が震えて打ち間違えるような人もいた。

それでも継続は力なり。やればやるほど点数が上がり、今では新入社員の新人研修の一つになっている。強制的にタイピングを強化する取り組みをしているのは、社員のスキルとして一生モノの財産となるからだ。

メールやチャットで済むものを電話で伝えようとする人がいるが、そういう人の特徴としてブラインドタッチが苦手な場合が多い。**苦手なスキルの克服というのも、全員で取り組めば楽しみに変わる。**

繰り返し述べるが、一生モノのスキルなので、これは早期に取り組むべきだ。

26. ＭＯＳを全員取得する

仕事のスキルを向上させる時に、**「社員全員で取り組む」というのは非常に有効な手段だ。**Word、Excel、PowerPointなどを社内で徹底活用しようという時は、ＭＯＳ（マイクロソフト・オフィス・スペシャリスト）を全員で受験した。

合格すればご褒美付きなので若手社員は早い段階で合格していき、苦手な人は締切ギリギリで合格する人もいた。みんなで取り組めば一体感も生まれる。誰が得意で誰が苦手なのかをわかるのも大事だ。得意な人は苦手な人に教えれば良いし、できないことを隠すよりも、**できないことをオープンにし、苦手克服・弱点克服していく文化が組織には必要だ。**

27. 大工ローテーション表をＷＥＢシステム化する

住宅を誰がつくっているのかを考えた時に、大工がいなければ家が建たないという事実

図61　大工ローテーションシステム

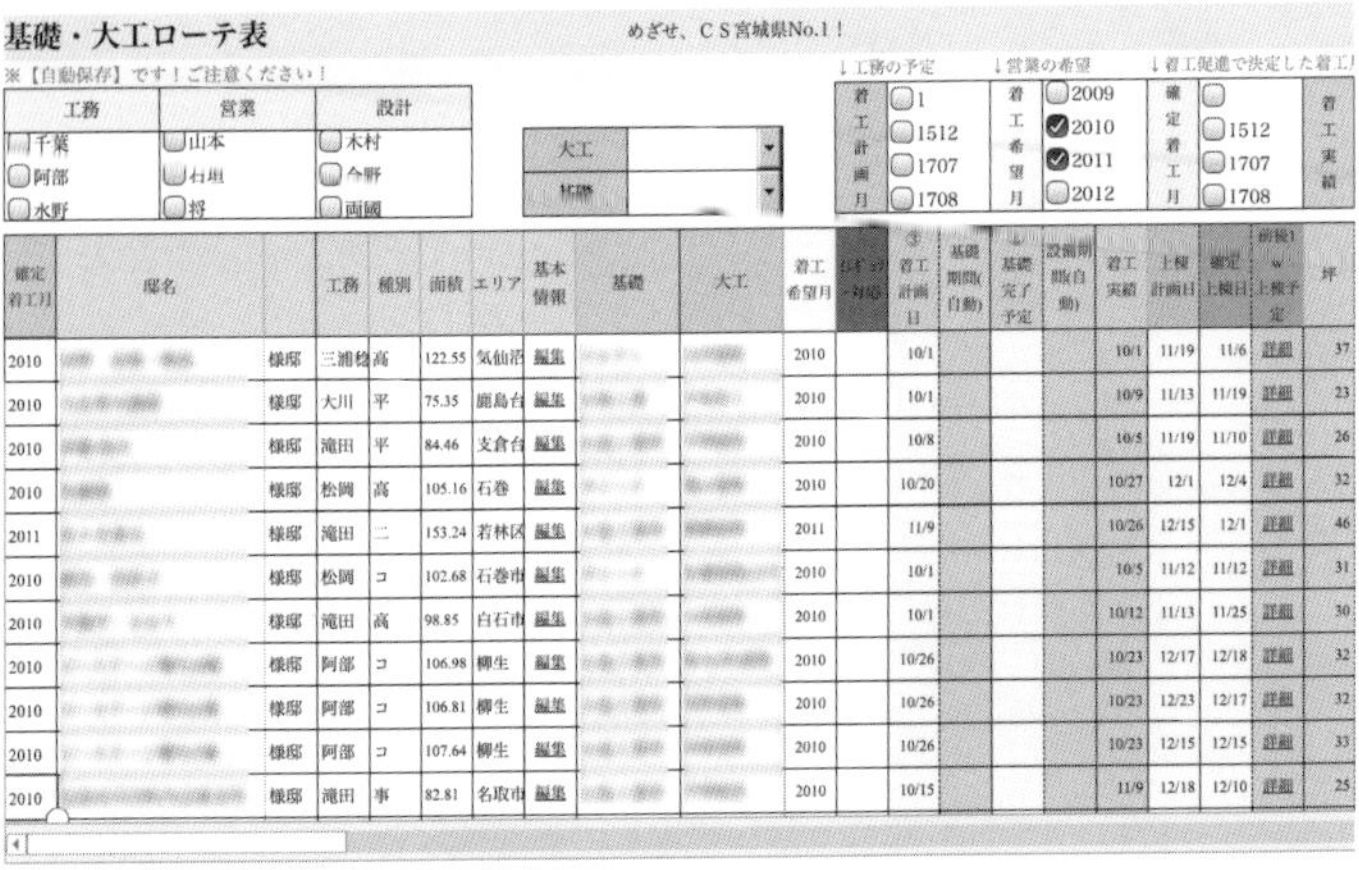

確定着工月	邸名		工務	種別	面積	エリア	基本情報	基礎	大工	着工希望月	[illegible]	③着工計画日	基礎期間(自動)	④基礎完了予定	設備期間(自動)	着工実績	上棟計画日	確定上棟日	前検1w上棟予定	坪
2010	[illegible]	様邸	三浦稔	高	122.55	気仙沼	編集	[illegible]	[illegible]	2010		10/1				10/1	11/19	11/6	詳細	37
2010	[illegible]	様邸	大川	平	75.35	鹿島台	編集	[illegible]	[illegible]	2010		10/1				10/9	11/13	11/19	詳細	23
2010	[illegible]	様邸	滝田	平	84.46	支倉台	編集	[illegible]	[illegible]	2010		10/8				10/5	11/19	11/10	詳細	26
2010	[illegible]	様邸	松岡	高	105.16	石巻	編集	[illegible]	[illegible]	2010		10/20				10/27	12/1	12/4	詳細	32
2011	[illegible]	様邸	滝田	二	153.24	若林区	編集	[illegible]	[illegible]	2011		11/9				10/26	12/15	12/1	詳細	46
2010	[illegible]	様邸	松岡	コ	102.68	石巻市	編集	[illegible]	[illegible]	2010		10/1				10/5	11/12	11/12	詳細	31
2010	[illegible]	様邸	滝田	高	98.85	白石市	編集	[illegible]	[illegible]	2010		10/1				10/12	11/13	11/25	詳細	30
2010	[illegible]	様邸	阿部	コ	106.98	柳生	編集	[illegible]	[illegible]	2010		10/26				10/23	12/17	12/18	詳細	32
2010	[illegible]	様邸	阿部	コ	106.81	柳生	編集	[illegible]	[illegible]	2010		10/26				10/23	12/23	12/17	詳細	32
2010	[illegible]	様邸	阿部	コ	107.64	柳生	編集	[illegible]	[illegible]	2010		10/26				10/23	12/15	12/15	詳細	33
2010	[illegible]	様邸	滝田	事	82.81	名取市	編集	[illegible]	[illegible]	2010		10/15				11/9	12/18	12/10	詳細	25

がある。それであれば、「いかに大工の1年の仕事を円滑に手配できるか」というのが工務店にとっての腕の見せ所だ。

住宅の規模によって工事日数は違うし、大工の技術によっても必要な工事日数は違う。いくつかの要素を総合的に判断した上で、1ヶ月先ではなく3ヶ月、4ヶ月先までのローテーションを組んでいく。

これを紙とペンだけで計画していたのでは時間がいくらあっても足りない。電子化で、日々変化する業者ローテーションを短時間で組むことができる（図61）。

「大工の工事予定」と「建築工事の全体予定」を連動させながら、「上棟予定」を決めていく。

ＷＥＢシステム化することで、現場監督ごとや大工ごとに瞬時に確認することもできるし、予想外の工程変更などへの対応も速い。システム化は**forguncy**で行っている。

わが社では、毎月10日前後に３ヶ月先の「着工希望」を社内から集める。その上で、全体の建築数と大工数を調整しながら上棟予定を決める。上棟予定を決めたら、全職種でその期日を守るように着工準備を進めていく。期日を守る仕組みでもある。

28. 着工促進会議をオンライン化する

工事全体の段取りや資材の注文は１ヶ所で行うべきだ。同じ会社なのに材料の注文する人が何人もいると、取引相手に複雑な状況をつくってしまうし、コストダウンを本気で実施することができない。それと同時に、**工事全体の着工計画も現場監督ごとにするのではなく、会社全体の着工計画を一括でやることで工事の平準化がしやすくなる。**

わが社では、コロナ前から本社と各拠点をつなぎ、月1回「着工促進会議」を開催し、3ヶ月、４ヶ月先の工事について定期的な会議をしている。1拠点当たり、会議時間は10

図62　着工促進会議は新型コロナ禍の前から　オンラインで会議

本社と各店舗をつないでオンライン会議をすることで、会議時間が短縮化し、移動にかかるコストや時間も不要になった。会議へのハードルが下がるので、重要な会議を無理なく毎月継続的に実施することができる。社内だけではなく協力業者とも同じことができる。かかるコストは限りなくゼロに近い。テレビにパソコンをつなげるだけだ。

分程度。全ての拠点と会議をしても、2時間程度で完了する。今はZoom（ズーム）を利用して会議をする（図62）。**会議はレコーディング（録画）しておき、参加できないメンバーも後で内容を確認することができる。**

29. LINEのアンケート機能を活用する

外部講師を招き、社員研修を実施した後、研修の内容確認や振り返りを目的にアンケートをとることがある。また、新しいことを決める時に「社内の声」に耳を傾けて、判断することもある。そんな時に、**スマホで簡単に回答できる社内アンケート**を利用している。

普段利用している**LINE WORKSにアンケート機能があり、これがとても便利で重宝している**（図63）。匿名アンケートにできたり、アンケートの回答を即座にグラフにできるなど、二次利用もしやすい。**スマホを利用したコミュニケーションの進化**は加速している。

徹底的に利用し、社内の声をリアルタイムで経営に活かすことを目指そう。

図63　LINE WORKSで簡単にアンケート収集

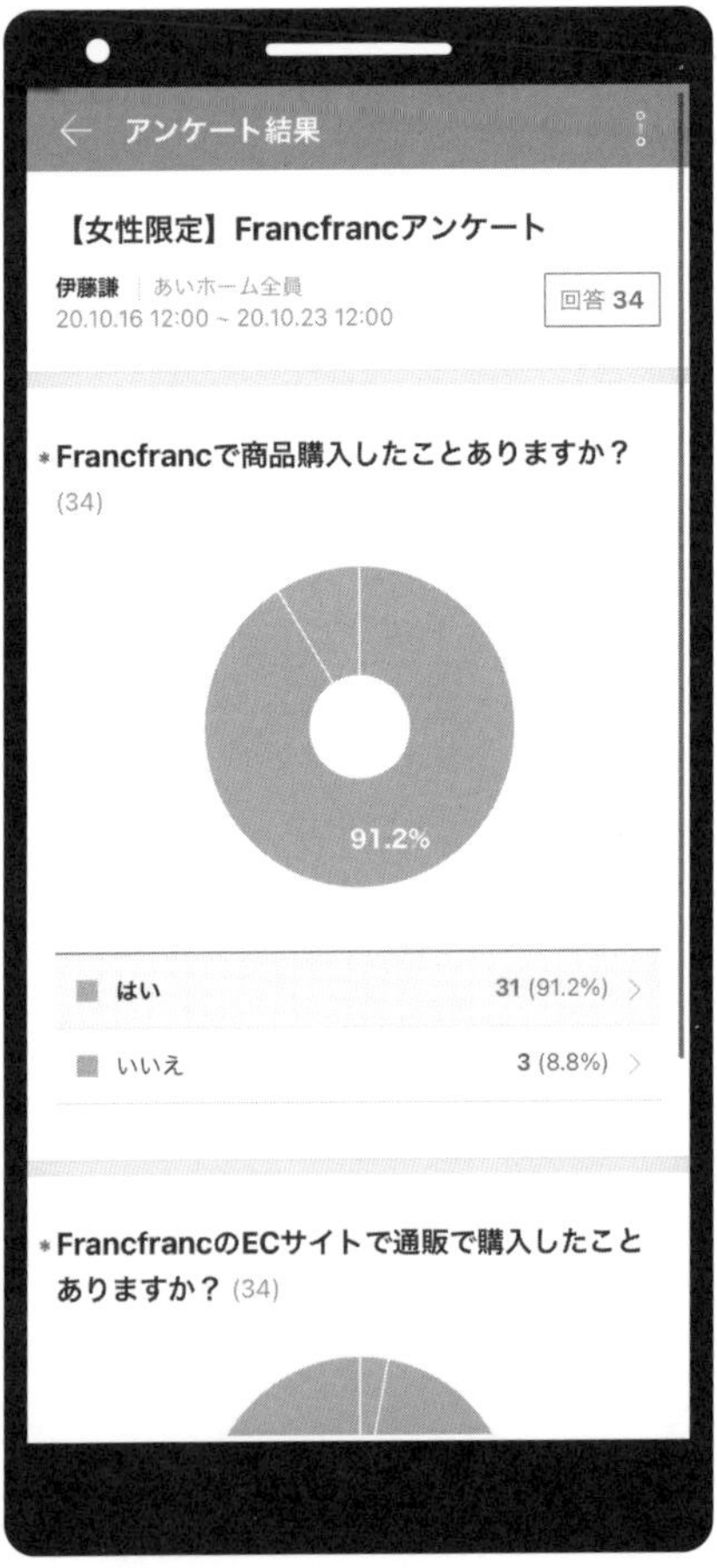

30. ドローンを使って動画をつくる

新しいものを試す姿勢は変化に強い工務店になる上で絶対に必要な要素だ。例えば、ドローンのような実用的にまだ普及していないものを試すのも一つだ。

何かを運ぶという意味ではまだまだだが、「空撮」という使い方を試し、**住宅を空から撮影してみたり、自社の展示場の敷地を空から見てみることで新しい発見があった**（図64）。やってみなければわからないことというのはある。

使ってみると難しくないことがわかる。**新しいものは先に使った人が得をする**ようになっているはずだ。使うことで実用的なアイデアも生まれる。新しいものを試す姿勢・実験をする姿勢は、今後も継続的に大事にしていきたい。

社長自身が新しいことを試すのは、時間配分として難しい。興味のあるメンバーや、話した時に面白そうだと思える人がやるべきだ。新しいことを試す時は、普段のコミュニケーションで得意な分野をよく理解しておくという会話が活きる。挑戦しやすい文化には、普段のコミュニケーションが必要不可欠だ。

図64　ドローンで展示場を撮影し動画に活用

実物の住宅では、お客様に屋根の上からの視点をお見せすることができないが、ドローンを利用することで実現する。屋根に設置した「太陽光発電」をアピールする撮影だけでなく、住宅点検やまちづくりなどにも活用し、新しい価値を創造していく。

［ドローンによる動画］

31. ＳＳＤでパソコンのスピードを上げる

見えないところだからこそ、差がつく。パソコンの性能についても、ある一定以上のものを使ったほうがいい。１日のうちほとんどをパソコンの前で仕事をしている人もいるだろう。**「パソコンの性能がいい」というだけで仕事の効率が全く変わる。生産性に直結する即効性のある投資だ。**

色々試したが、最も大きな効果があったのは、**ＳＳＤ**（ソリッドステートドライブ）の採用だ。ＨＤＤ（ハードディスクドライブ）では処理スピードが遅く、仕事をしているよりも「パソコンの処理を待っている」時間が長かった。ＳＳＤに切り替えたことによってそういうことが少なくなった。

これで1年間に数千時間もの時短と考えれば安い投資だと考えた。パソコンの性能は年々良くなっているため、そこまでコストをかけずにもある程度のものが手に入る。５年以上前のパソコンを使っているという場合は、ＳＳＤ搭載のパソコンに見直す必要がある。

32. Googleマップの情報を正確に整える

お客様が**Googleマップ**（グーグルマップ）などの地図アプリで展示場の場所を検索しているのは、ご存知だろうか？　Googleマップ上で自社がどのように掲載されているのかを、一度しっかり確認をすべきだ。もうすでに、Googleマップはカーナビの代わりになってきている。カーナビよりもすごいのは、**地図で場所や経路を調べた瞬間に、直接電話をすることができるので、電話帳の役割も担ってきている**ことだ。

さらに追求する場合は、ＭＥＯ（マップエンジン最適化）という分野を勉強するといい。２０１９年５月に気づき、あいホームの展示場の場所が明確にわかるように徹底的にＭＥＯ対策をした。

Googleマイビジネス（グーグルマイビジネス。https://www.google.com/intl/ja_jp/business/）というGoogleのサービスに登録をして、自社でしっかり情報整理する必要がある。これをするだけでもお客様が来場する数は大きく増える（図65）。スマホをメインに利用するお客様には、とても親切な顧客サービスの一つだ。

図65　Google マップで店舗をチェック、Google マイビジネスで情報を整理

33. RPAはいらない

「RPA」（ロボティック・プロセス・オートメーション）は1年間利用して解約をした。RPAとはコンピュータ上で行う業務プロセスや作業を人に代わり自動化する技術をいう。RPAに関する営業電話が多々くるが**「もうすでに導入しています」と回答**すると、ほとんどのRPA法人営業の担当者は返す言葉がなくなる。

とにかく新しいものはすぐに試す。それが最もコストが低く、最新の便利なサービスを使うコツのような気がする。ここで伝えたいことは、RPAそのものがいるかどうかではなく、**試すまでのスピードを早めるべき**ということだ。大量の時間を使って、導入検討し、いざ導入が決まっても、実装するまでまた大量の時間を使う。あげくの果てには、なかなか社内に浸透しない――なんてことが、多くの企業の現状ではないだろうか。**興味を持ったら小さく試す**。このことを最も強調したい。

おわりに――変わり続ける者が生き残ることを証明する

この本が出る頃には、この本には書いてないことをわが社でたくさん実現しているはずだ。なぜなら毎日変化をし、実践しているからだ。特にこの1年は、1ヶ月が1年のように感じるほど、**時間の感覚が大きく変わった**。1年間でやってきたことを、1ヶ月で変化させられるようになったのかもしれない。

新型コロナウイルス感染拡大で、地球が劇的にリセットされた。今までの常識が通用しないことがたくさん出てきて、前向きに未来を考えることができない人も多いかもしれない。

東日本大震災が起こったとき、一瞬でたくさんの命が失われた。あの体験に比べたら、今回のコロナはまだやれることがある気がする。**命があれば立ち向かうことができる**。しかも、世界中で同時に直面しているので、考えようによっては地球全体で新しい変化を生み出すことにもなるはずだ。

地域に密着した工務店、地方工務店という立場で、何ができるのかを必死で考えて、必死で実行して毎日を過ごす。それでも、そんな工務店があることは誰にも知られずにいる。でもきっと僕だけじゃない。同じ志の経営者はいるはずだ。

なぜこの本を書いたのか。**必死で変化しようとする地域・地方工務店があることを広く伝えたい**。そしてもう一つが、**自分たちが実践した知恵を惜しみなく共有したい**。必死の想いで取り組んだことを、自分たちだけの経験にしているのは、あまりにももったいない。工務店業界がさらに良くなることに貢献できれば幸いだ。

この本をきっかけに新たな出会いがあれば面白いし、切磋琢磨できる同志が増えることが何よりの望みだ。

本を出版することを通して、自社のことをよく振り返れた。そして、これまでの歴史に感謝した。感謝したい人がたくさん頭に思い浮かんできた。ありがとう。経営と出版の両立は時間との戦いだった。妻の時間確保の応援には毎日感動した。一度も体調を崩さず走りきれたことを一番に感謝したい。

一歩でも半歩でも前に進もう！ 倒れるなら前に倒れるぐらいの勢いで生きて、**変わり続ける者が生き残ることを証明してみせる**。２０１９年のラグビーワールドカップでベスト８を果たしたジャパンラグビーのように。ノーサイドの精神をもって。

本書掲載のURL・QRコードのリスト

本書に掲載したサービスなどのWEBサイトへは、右記QRコードの特設サイトからアクセスできます。掲載ページ、URLなどは下記の表にも記したので参考にしてください。

No.	本書の掲載ページ	サービス名など	URL
1	30, 212	Box	https://www.box.com/
2	34	あいホーム「ホームページ」	https://aihome.biz/
3	36, 188, 227	LINE WORKS	https://line.worksmobile.com/jp/
4	41, 168, 175, 177, 227	Zoom	https://zoom.us/jp-jp/meetings.html
5	46, 172	あいホーム「バーチャル展示場」	aihome-vr.com
6	52, 184	CloudSign	https://www.cloudsign.jp/
7	68, 220	Salesforce	https://www.salesforce.com/jp
8	112	Google PageSpeed Insights	https://developers.google.com/speed/pagespeed/insights/
9	125	Google Analytics	https://marketingplatform.google.com/intl/ja/about/analytics/
10	130	Final Cut Pro X	https://www.apple.com/jp/final-cut-pro/
11	130	あいホーム動画「プロが5分で教える雑草処理の基本」(Final Cut Pro Xで作成)	https://youtu.be/V7j9-yohlJw
12	131	iMovie	https://www.apple.com/jp/imovie/
13	133	VYOND	https://animedemo.com

No.	本書の 掲載ページ	サービス名など	URL
14	133	あいホーム動画 会社ストーリー 「あいホーム物語」 (VYONDで作成)	https://youtu.be/V6_DZirVy7w
15	133	Vimeo	https://vimeo.com/jp/
16	170	あいホーム動画 「オンライン社長就任イベント」	https://vimeo.com/490046507/ b538048487
17	172	スペースリー	https://spacely.co.jp/
18	172, 175	Bubble	https://bubble.io/
19	185	承認Time	https://shonintime.sbi-bs.co.jp/
20	191	MINAGINE	https://minagine.jp/
21	195	あいホーム動画 「9月の社長メッセージ」	https://vimeo. com/465525635/2525205844
22	196	Inshot	http://apple.co/3dkCL0T
23	199	SmartDrive Fleet	https://smartdrive.co.jp
24	204, 206, 207, 225	forguncy	https://www.forguncy.com/
25	211	Kizuku	https://www.ctx.co.jp/kizuku2_pr/ index.html
26	214, 218	Evernote	https://evernote.com/intl/jp
27	214	ScanSnap	https://scansnap.fujitsu.com/jp/
28	221	無料タイピング講習 (ICTプロフィシエンシー検定協会)	https://www.pken.com/tool/typing. html
29	230	あいホーム動画 「ドローンで展示場を撮影」	https://youtu.be/INzGr26FirM
30	232	Googleマイビジネス	https://www.google.com/intl/ja_ jp/business/

伊藤　謙（いとう けん）
株式会社あいホーム 代表取締役。
1984年宮城県生まれ。桐蔭学園を経て、明治大学商学部を卒業。1級FP技能士、宅地建物取引士、インテリアコーディネーター、古民家鑑定士。
2020年5月に先代社長の実父より代表権を引き継ぎ、新社長に就任。工務店のIT・ネット活用を高速で実践し、コロナ禍で前年比130%増の新規受注を実現。「年商100億、創業100年企業」をビジョンに掲げる。最新のIT機器やシステムを積極的に取り入れ、固定概念を壊しながら、住宅業界のアップデートを推進している。

ホームページ　https://aihome.biz
E-mail　ken-ito@aihome.biz
Facebook　https://www.facebook.com/itoken.miyagi

DX《ディーエックス》で生産性最大化《せいさんせいさいだいか》、少数精鋭《しょうすうせいえい》で高収益《こうしゅうえき》！
地域《ちいき》No.1《ナンバーワン》工務店《こうむてん》の「圧倒的《あっとうてき》に実践《じっせん》する」経営《けいえい》

2021年 4月 1日　初版発行
2022年 5月20日　第4刷発行

著　者　伊藤　謙　
発行者　杉本淳一

発行所　株式会社日本実業出版社　東京都新宿区市谷本村町3-29 〒162-0845
編集部 ☎03-3268-5651
営業部 ☎03-3268-5161　振　替　00170-1-25349
https://www.njg.co.jp/

印刷／壮光舎　製本／若林製本

ISBN 978-4-534-05845-4　Printed in JAPAN